中等职业教育汽车类精品系列教材

汽车电子与车身电气检修

主　编　李国华　朱晓辉　王俊红
副主编　周　聪　周鹏程　雷小平
　　　　陈志刚　蔡彦兵

北京理工大学出版社
BEIJING INSTITUTE OF TECHNOLOGY PRESS

版权专有　侵权必究

图书在版编目（CIP）数据

汽车电子与车身电气检修 / 李国华，朱晓辉，王俊红主编. —北京：北京理工大学出版社，2020.8

ISBN 978-7-5682-8898-9

Ⅰ.①汽⋯　Ⅱ.①李⋯ ②朱⋯ ③王⋯　Ⅲ.①汽车－电子系统－车辆检修 ②汽车－电气设备－车辆检修　Ⅳ.①U472.41

中国版本图书馆CIP数据核字（2020）第146566号

出版发行 / 北京理工大学出版社有限责任公司	
社　　址 / 北京市海淀区中关村南大街5号	
邮　　编 / 100081	
电　　话 /（010）68914775（总编室）	
（010）82562903（教材售后服务热线）	
（010）68948351（其他图书服务热线）	
网　　址 / http：//www.bitpress.com.cn	
经　　销 / 全国各地新华书店	
印　　刷 / 定州市新华印刷有限公司	
开　　本 / 787毫米×1092毫米　1/16	责任编辑 / 张鑫星
印　　张 / 12.5	文案编辑 / 张鑫星
字　　数 / 257千字	责任校对 / 周瑞红
版　　次 / 2020年8月第1版　2020年8月第1次印刷	责任印制 / 边心超
定　　价 / 38.00元	

图书出现印装质量问题，请拨打售后服务热线，本社负责调换

前言

随着我国汽车工业的发展和社会汽车保有量的增长,汽车维修行业中汽车电气设备的维修量占汽车维修总量的比重不断上升,对汽车电气系统维修人才的需求更是不断加大。由于汽车电气系统不断更新,特别是汽车电子控制系统不断发展,汽车电气系统技术日益进步,对汽车电气系统维修人员提出了更高的要求。针对汽车维修工作的需求,在各类教学方法中项目教学法最能体现职业教育的特点,该方法在教学过程中结合实际工作所需理论知识与操作技能,实施完成项目工作任务所需专业知识与操作技能的教学,使学生能在模拟实际工作任务与场景中学习,有效地提高了学生的自主学习能力,改善了教学效果。

本书将"汽车电子与车身电气检修"课程分成若干教学项目。各个项目以电气系统常见的故障现象为项目教学的切入点,在教学过程中针对实施汽车电气系统常见故障的检修工作任务过程,学生学习相关的专业知识与检修工艺知识,并通过相关专业知识来完成实际操作,实现学生在做中学、在学中做的目的。

汽车电气系统维修是一项对电工电子理论知识要求较高的工作,同时是对各项电工电子测量与维修工艺技能要求较高的工作。针对汽车电气系统的组成特点,本书按照汽车电气系统的工作功能分为七个工作项目,涉及汽车电源系统、起动系统、点火系统、汽车照明和信号系统、汽车仪表和警告灯系统、汽车辅助电气设备和汽车电路图等知识。本书内容深入浅出,系统地阐述了现代汽车电气的构造及工作原理、维修和故障诊断技术。

在编写本书的过程中,作者借鉴和参考了大量相关书籍及汽车4S店原厂资料,在此对提供参考书籍的编者及提供原厂资料的4S店致以诚挚的谢意。因作者水平有限,编写时间仓促,书中难免存在错误和不足之处,敬请广大读者批评指正。

编 者

目录 contents

项目一　汽车电源系统 ··· 1
　　任务一　蓄电池 ·· 1
　　任务二　发电机及电压调节器 ··· 17
　　任务三　汽车电源系统故障检修 ··· 31
　　练习 ··· 35

项目二　起动系统 ·· 38
　　任务一　汽车起动机 ·· 38
　　任务二　起动控制系统电路 ·· 48
　　任务三　汽车起动系统的维护 ·· 52
　　练习 ··· 60

项目三　点火系统 ·· 62
　　任务一　传统点火系统 ·· 62
　　任务二　电子点火系统 ·· 76
　　任务三　汽车发动机点火系统主要元件的检测 ····························· 83
　　练习 ··· 88

项目四　汽车照明和信号系统 ··· 90
　　任务一　汽车照明系统 ·· 90

　　　任务二　汽车信号系统…………………………104

　　　练习……………………………………………115

项目五　汽车仪表和警告灯系统……………………117

　　　任务一　汽车仪表系统…………………………117

　　　任务二　汽车警告灯系统………………………129

　　　练习……………………………………………135

项目六　汽车辅助电气设备……………………………137

　　　任务一　汽车刮水器与玻璃清洗装置…………137

　　　任务二　汽车电动车窗、电动后视镜、中控锁
　　　　　　　系统……………………………………145

　　　任务三　汽车音响设备…………………………163

　　　练习……………………………………………175

项目七　汽车电路图……………………………………177

　　　任务　　汽车电路图识读………………………177

　　　练习……………………………………………192

参考文献…………………………………………………194

汽车电源系统

学习目标

1. 掌握蓄电池的功用与类型,了解蓄电池的型号。
2. 掌握蓄电池的结构与工作原理。
3. 掌握蓄电池的充放电特征。
4. 掌握蓄电池的充电类型和充电方法。
5. 掌握蓄电池的检测与维护方法。
6. 掌握发电机的作用和结构,掌握发电机的工作原理与特性。
7. 掌握发电机调节器的工作原理。

任务要求

1. 能描述蓄电池的功用与类型,能说出蓄电池的型号。
2. 能描述蓄电池的结构与工作原理。
3. 能完成汽车蓄电池的检测与维护作业。
4. 能进行发电机的就车检修。
5. 能正确地检修发电机转子,能正确地检修发电机定子。
6. 能正确地检修发电机整流器。
7. 能描述发电机的工作原理与特性。

任务一 蓄电池

一、蓄电池的功用

汽车用蓄电池为铅酸蓄电池。铅酸蓄电池的优点是放电时电动势较稳定,其缺点是比能量(单位质量所蓄电能)小,对环境腐蚀性强。铅酸蓄电池的工作电压平稳、使用温度及使用电流范围宽、能充放电数百个循环、储存性能好(尤其适于干式荷电储存)、造价较低,因而应用广泛。

蓄电池主要负责起动汽车发动机和为车内电控系统供电,保证车辆的正常运行。在不供电时被安装在发动机上的发电机为其充电,在发动机不工作时其为电控系统供电。

(1)当起动发动机时,蓄电池给起动机提供强大的起动电流(一般为 200~600 A)。

(2)当发电机过载时,蓄电池可以协助发电机向用电设备供电。

(3)当发动机处于怠速状态时,蓄电池向用电设备供电。

(4)当发电机端电压高于蓄电池的电动势时,蓄电池将一部分电能转变为化学能储存起来,也就是进行充电。

(5)蓄电池也是一个大容量电容器,可以保护汽车的用电器。

汽车电源系统电路如图 1-1-1 所示。

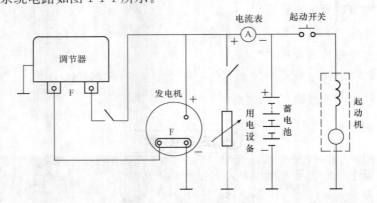

图 1-1-1 汽车电源系统电路

二、蓄电池的类型与特点

1. 普通蓄电池

普通蓄电池的极板由铅和铅的氧化物构成,电解液是硫酸的水溶液。它的主要优点是电压稳定、价格便宜;其缺点是比能量低、使用寿命短、日常维护频繁。

2. 干荷蓄电池

干荷蓄电池的全称是干式荷电铅酸蓄电池。它的主要特点是负极板有较高的储电能力,在完全干燥的状态下,能在两年内保存所得到的电量。使用干荷蓄电池时,只需加入电解液,等待 20~30 min 就可使用。

3. 免维护蓄电池

免维护蓄电池由于自身结构的优势,电解液的消耗量非常小,在使用寿命内基本不需要补充蒸馏水。它还具有耐振、耐高温、体积小、自放电小的特点。其使用寿命一般为普通蓄电池的2倍。市场上的免维护蓄电池有两种：一种是在购买时一次性加好电解液，后续使用中不需要维护（添加补充液）；另一种是电池本身出厂时就已经加好电解液并封死，用户根本就不能添加补充液。

三、蓄电池的结构与规格型号

铅酸蓄电池自1859年由普兰特发明以来，至今已有150多年的历史，技术十分成熟，是全球使用最广泛的化学电源。尽管近年来镍镉电池、镍氢电池、锂离子电池等新型电池相继问世并得以应用，铅酸蓄电池仍然凭借大电流放电性能强、电压特性平稳、温度适用范围广、单体电池容量大、安全性高、原材料丰富且可再生利用、价格低廉等一系列优势，在绝大多数传统领域和一些新兴的应用领域，占据牢固的地位。

铅酸蓄电池由正、负极板，隔板，壳体，电解液，连接条，正、负极柱等组成，蓄电池的结构与安装位置如图1-1-2所示。

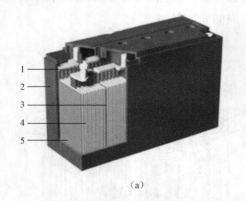
（a）

（b）

图 1-1-2 蓄电池的结构与安装位置
(a)结构；(b)安装位置
1—端子；2—壳体；3—隔板；4—正极板；5—负极板

1. 正、负极板

（1）极板的分类及构成：极板分为正极板和负极板两种，均由栅架和填充在其上的活性物质构成，蓄电池的正、负极板结构如图1-1-3所示。

（2）极板的作用：在蓄电池充、放电过程中，电能和化学能的相互转换就是依靠极板上活性物质和电解液中硫酸的化学反应来实现的。

（3）极板的颜色区分：正极板上的活性物质是二氧化铅（PbO_2），呈深棕色；负极板上的活性物质是海绵状纯铅（Pb），呈青灰色。

（4）栅架的作用：栅架的作用是容纳吸附活性物质并使极板成形，一般由锑合金浇铸而成。

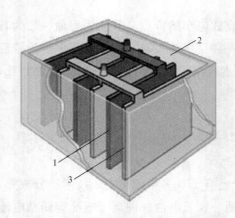

图 1-1-3　蓄电池的正、负极板结构
1—PbO_2（正极）；2—H_2SO_4（ap）；3—Pb（负极）

(5)极板组：为增大蓄电池的容量，就必须增加极板的表面积。因此，我们将多片正、负极板分别并联焊接，组成正、负极板组。

(6)安装的特别要求：安装时正、负极板相互嵌合，中间插入隔板。在每个单体电池中，负极板的数量总比正极板多一片。

2. 隔板

(1)作用：为了减小蓄电池的内阻和尺寸，蓄电池内部正、负极板就应尽可能地靠近；为了避免彼此接触而短路，正、负极板之间就要用隔板隔开。

(2)材料要求：隔板材料应具有多孔性和渗透性，且化学性能要稳定，即具有良好的耐酸性和抗氧化性。

(3)材料：常用的隔板材料有木质隔板、微孔橡胶、微孔塑料、玻璃纤维和纸板等。

(4)安装要求：安装时隔板上带沟槽的一面应面向正极板。

3. 壳体

(1)作用：盛放电解液和极板组。

(2)材料：由耐酸、耐热、耐振、绝缘性好并且有一定力学性能的硬橡胶或聚丙烯塑料制成。

(3)结构特点：壳体为整体式结构（图1-1-4），壳体内部由间壁将其分隔成3个或6个互不相通的单格，底部有突起的肋条以搁置极板组。肋条之间的空间被用来积存脱落下来的活性物质，以防止其在极板间造成短路，极板装入壳体后，上部用与壳体相同材料制成的电池盖密封。在电池盖上对应每个单格的顶部都有一个加液孔，用于添加电解液和蒸馏水，也可用于检查电解液液面高度和测量电解液相对密度。

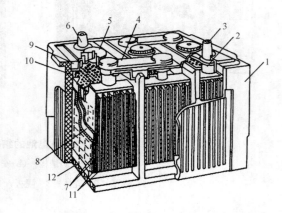

图 1-1-4　蓄电池的壳体结构
1—蓄电池外壳；2—极柱护套；3—正极接线柱；4—连接条；
5—通气孔螺母；6—负极接线柱；7—正极板；8—隔板；
9—筋条；10, 11—负极板；12—衬筋条

4. 电解液

(1)作用：电解液在电能和化学能的转换过程，即在充电和放电的电化学反应中起离子间的导电作用并参与化学反应。

(2)成分:它由化学纯硫酸和蒸馏水按一定比例配置而成,其密度一般为 1.24～1.30 g/cm³。

(3)配置:把计算好的纯水量先放入洗净的容器内,再小心地将纯净的浓硫酸徐徐注入纯水内,并不断用搅棒均匀搅拌;如果调出的电解液比重和实际需要值有偏差,若偏低则可加入适当 1.30 g/cm³(25 ℃)稀硫酸,若偏高则可适当加入纯水予以调整,最后达到所需要值。

(4)特别注意点:电解液的纯度是影响蓄电池的性能和使用寿命的重要因素。

5. 单体电池的串接方式

蓄电池一般由 3 个或 6 个单体电池串联而成,额定电压为 6 V 或 12 V。

串接方式:单体电池的串接方式一般有传统外露式、穿壁式和跨越式 3 种。

(1)传统外露式串接方式:这种串接方式工艺简单,但耗铅量多,连接电阻大,因而起动时电压降大,功率损耗也大且易造成短路。

(2)穿壁式串接方式:其在相邻单体电池之间的间壁上打孔供连接条穿过,将两个单体电池的极板组极柱连焊在一起。

(3)跨越式串接方式:相邻单体电池之间的间壁上边留有豁口,连接条通过豁口跨越间壁将两个单体电池的极板组极柱连接,所有连接条均布置在整体盖的下面。

穿壁式和跨越式串接方式与传统外露式串接方式相比,有连接距离短、材料消耗少、电阻小、起动性能好等优点。

6. 蓄电池的规格型号

按 JB 2599—1985《起动型铅蓄电池标准》的规定,蓄电池的规格型号的编制含义如下。

以型号为 6-QAW-54 a 的蓄电池为例,说明蓄电池的规格型号的编制含义。

(1)6 表示串联的单格电池数为 6,每个单格电池电压为 2 V,即额定电压为 12 V。

(2)Q 表示蓄电池的类型为汽车起动用蓄电池,M 表示摩托车用蓄电池,JC 表示船舶用蓄电池,HK 表示航空用蓄电池,D 表示电动车用蓄电池,F 表示阀控型蓄电池。

(3)A 和 W 表示蓄电池的特征,A 表示干荷蓄电池,W 表示免维护蓄电池,若不标则表示普通蓄电池。

(4)54 表示蓄电池的额定容量为 54 A·h(充足电的蓄电池,在常温下以 20 h 放电率的放电电流放电 20 h 蓄电池对外输出的电量)。

(5)a 表示对原产品的第一次改进,名称后加 b 表示第二次改进,以此类推。

注:①型号后加 D 表示低温起动性能好,如 6-QA-110D。

②型号后加 HD 表示高抗振型。

③型号后加 DF 表示低温反装,如 6-QA-165DF。

四、蓄电池的工作原理

普通蓄电池的工作过程是一个化学能与电能相互转换的过程。当蓄电池的化学能转化为电能向外供电时,我们称之为放电过程。当蓄电池与外界电源相连而将电能转化为化学能储存起来时,我们称之为充电过程。电化学反应方程式可表示为如下形式。

放电:$PbO_2+2H_2SO_4+Pb=2PbSO_4+2H_2O$;

充电:$2PbSO_4+2H_2O=PbO_2+2H_2SO_4+Pb$。

蓄电池工作基本原理如图 1-1-5 所示。

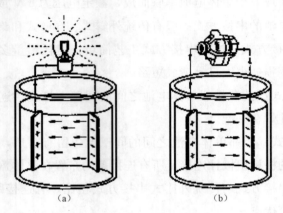

图 1-1-5 蓄电池工作基本原理

(a)放电;(b)充电

1. 电动势的建立

正极板上二氧化铅电离为正四价铅离子和负二价氧离子,铅离子附着在正极板上,氧离子进入电解液中,使正极板具有 2.0 V 的正电位;负极板上的纯铅电离为正二价铅离子和两个电子,铅离子进入电解液中,电子留在负极板上,使负极板具有 -0.1 V 的负电位。因此,正、负极板间有 2.1 V 的电位差。

2. 放电过程

在电位差的作用下,电流从正极流出,经过灯泡流回负极,使灯泡发光。正极板上的正四价铅离子与电子结合生成正二价铅离子,进入电解液再与硫酸根离子结合生成硫酸铅(附着在正极板上);负极板上的正二价铅离子也同硫酸根离子结合生成硫酸铅(附着在负极板上)。

结论:在放电过程中,正极板上的正四价铅离子得到电子成为正二价铅离子,并与硫酸根离子生成硫酸铅附着在正极板上;负极板上的铅失去电子成为正二价铅离子,并与硫酸根离子生成硫酸铅,附着在负极板上。

正极板上的正四价铅离子逐渐变成正二价铅离子,其电位逐渐降低;负极板上电子不断流出,其电位逐渐升高。放电过程结束,两极板间的电位差减小为"0",外接电路中的灯泡熄灭。

随着放电过程的进行,电解液中的硫酸根离子不断与正、负极板上的铅离子生成硫酸铅而附着在极板上,使电解液中的硫酸根离子逐渐减少。同时,由于正极板上负二价氧离子与氢离子生成水,电解液中的水不断增多,使电解液的密度不断下降。

3. 充电过程

充电时,外接直流电源的正极接蓄电池的正极板,电源的负极接蓄电池的负极板。当直流电源的电动势高于蓄电池的电动势时,电流将以与放电电流相反的方向流过蓄电池。

正极板上,正二价铅离子失去两个电子成为正四价铅离子,再与水反应生成二氧化铅,附着在正极板上,电位升高;负极板上,正二价铅离子得到两个电子生成一个铅分子,附着在负极板上;从正、负极板上电离出来的硫酸根离子与水中的氢离子结合生成硫酸。

结论:在充电过程中,正极板上的正二价铅离子失去电子成为正四价铅离子,电位上升;负极板上的正二价铅离子得到电子成为铅分子,电位降低。正、负极板间的电位差加大。

随着充电过程的进行,极板上的硫酸根离子不断进入电解液与氢离子生成硫酸,电解液中的硫酸根离子逐渐增多,使电解液的密度不断升高。

五、蓄电池的工作特性及容量

1. 蓄电池的工作特性

蓄电池的工作特性包括蓄电池的静止电动势、内电阻、充电特性和放电特性。

1) 静止电动势

蓄电池的静止电动势是指蓄电池在静止状态下正负极板之间的电位差,用 E_0 表示。它的大小与电解液的相对密度和温度有关,当相对密度在 $1.05 \sim 1.30 \text{ g/cm}^3$ 时,可由下述经验公式计算其近似值。

$$E_0 = 0.85 + \rho_{25\,℃}$$

式中　E_0——蓄电池静止电动势(V);

　　　$\rho_{25\,℃}$——25 ℃时的电解液相对密度。

汽车用蓄电池的电解液相对密度在充电时增高,放电时下降,一般为 $1.12 \sim 1.30 \text{ g/cm}^3$,因此,蓄电池的静止电动势为 $1.97 \sim 2.15 \text{ V}$。

2) 内电阻

蓄电池的内电阻大小反映了蓄电池带负载的能力,在相同的条件下,内电阻越小,输出电流越大，带负载能力越强。

蓄电池的内电阻为正负极板电阻、电解液电阻、隔板电阻、连接条和极柱电阻的总和，用 R_0 表示。

电解液的内阻随相对密度变化的关系如图 1-1-6 所示。相对密度为 1.20 g/cm³ 左右时（15 ℃），硫酸的电离度最好，黏度较小，因此，其内阻最小。

3）充电特性

蓄电池的充电特性是指在恒流充电过程中，蓄电池的端电压 U 和电解液密度等参数随充电时间变化的规律。蓄电池充电的特征曲线如图 1-1-7 所示。

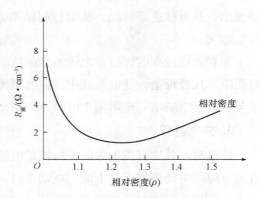

图 1-1-6 电解液的内阻随相对密度变化的关系

充电时电源电压必须克服蓄电池的电动势和蓄电池内电阻产生的电压降 $I_C R_0$，因此，充电过程中蓄电池的端电压总是大于蓄电池的电动势，即

$$U_C = E + I_C R_0$$

蓄电池充电终了：电解液"沸腾"，端电压瞬间提高很多。如果继续充电就是过充电，会使容量下降。

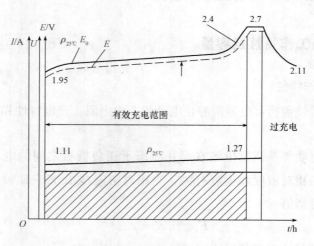

图 1-1-7 蓄电池充电的特征曲线

蓄电池充电终了的特征如下：

(1) 蓄电池内部产生大量气泡，即电解水产生的"沸腾"现象。

(2) 单格电池的端电压上升至最大值(2.7 V)，且 2～3 h 内不再上升。

(3) 端电压和电解液的密度均上升至最大值 1.29 g/cm³，且 2～3 h 内不再上升。

4)放电特性

蓄电池的放电特性是指在恒流放电过程中,蓄电池的端电压 U_f 和电解液相对密度 ρ 等参数随时间而变化的规律。

蓄电池的放电特性曲线如图 1-1-8 所示。

放电过程中,由于蓄电池内阻 R_0 上有压降,所以蓄电池的端电压总是小于其电动势 E,即

$$U_f = E - I_f \cdot R_0$$

式中 U_f——放电时蓄电池的端电压;
  E——放电时蓄电池的电动势;
  I_f——放电电流;
  R_0——蓄电池的内电阻。

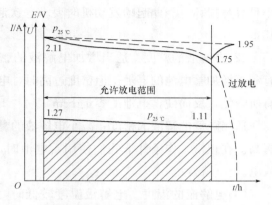

图 1-1-8 蓄电池的放电特性曲线

蓄电池放电终了的特征如下:

(1)单格电池电压下降到放电终止电压值(当以 20 h 放电率放电时,此值为 1.75 V)。

(2)电解液的相对密度下降到最小许可值,约为 1.11 g/cm³。

2. 蓄电池的容量

1)蓄电池的容量

蓄电池的容量是指蓄电池在完全充足电的情况下,在允许放电的范围内对外输出的电量,单位为安培·小时(A·h)。

在一定放电条件下,蓄电池的容量分为额定容量和起动容量。

(1)额定容量是指完全充足电的蓄电池在电解液平均温度为 25 ℃的情况下,以 20 h 放电率的放电电流连续放电至单格电压降为 1.75 V 时所输出的电量。如一只起动型蓄电池,在电解液平均温度为 25 ℃的情况下,以 5.0 A 放电电流连续放电 20 h 后,单格电压降至 1.75 V,则它的额定容量为 $Q = 5.0 \times 20 = 100$(A·h)。

(2)根据起动时的温度不同,起动容量可分为常温起动容量和低温起动容量。

常温起动容量:在电解液温度为 25 ℃的情况下,以 5 min 放电率的放电电流连续放电至规定的终止电压时所输出的电量。

低温起动容量:在电解液温度为 −18 ℃的情况下,以 3 倍额定容量的放电电流连续放电至规定的终止电压时所放出的电量。

2)使用条件对容量的影响

(1)放电电流。放电电流越大,蓄电池的容量越低。放电电流过大则单位时间内参加反应的活性物质及硫酸量增多,由于极板孔隙内硫酸消耗过快,外部的硫酸不能及时渗到极板周围,电解液密度下降过快,蓄电池的端电压下降过快,提前到达终止电压。

使用起动机起动发动机时,蓄电池会大电流放电,端电压会急剧下降,输出容量会减小且容易损坏。因此起动发动机时要求一次起动时间不应超过 5 s,连续两次起动应间隔 15 s。

(2)电解液的密度。适当增加电解液的密度,减小电解液的内阻,提高其渗透能力,有利于增加蓄电池的容量。但密度过高时,电解液的黏度增加,其内阻也增加,渗透能力有所降低,反而使蓄电池的容量下降。

适当降低电解液的密度,减小电解液的黏度,蓄电池的容量、放电电流可以有一定的提高。在正常工作条件下我们使用蓄电池时,采用低密度的电解液比较有利于蓄电池的放电。

(3)电解液的温度。电解液温度较低时,电解液的黏度增加,渗透能力下降,同时,电解液的溶解度和电离度也会下降,导致蓄电池的容量减小。

冬季在严寒地区使用蓄电池时,我们应注意蓄电池的保温,以免影响发动机的起动。

六、蓄电池的性能检测

蓄电池的性能检测包括外部检查、电解液液面高度的检测、电解液密度的检测、蓄电池端电压的检测及蓄电池放电程度的检测。

1. 外部检查

(1)蓄电池的外观都是比较规整的,我们应检查蓄电池有无变形、凸出、漏液、破裂炸开、烧焦、螺钉连接处有无氧化物渗出等。

(2)我们应检查疏通加液孔盖上的通气孔。

(3)我们应清洁蓄电池壳体、板桩和电缆连接器上的氧化物,保持蓄电池与负载电路的可靠连接。

2. 电解液液面高度的检测

蓄电池在使用过程中,车辆每行驶 1 000 km 或夏季 5~6 天、冬季 10~15 天,我们就应该对蓄电池的电解液液面高度进行检查,电解液液面高度应高出极板 10~15 mm。电解液液面高度的检测如图 1-1-9 所示。

3. 电解液密度的检测

根据实际经验,电解液相对密度每减小 0.01 g/cm³ 相当于放电 6%。所以,从测得的电解液相对密度我

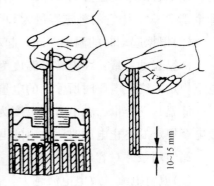

图 1-1-9 电解液液面高度的检测

们可以估算蓄电池的充放电程度。电解液相对密度的检测方法如图 1-1-10 所示。常温下，蓄电池电量被充满时，电解液相对密度为 1.28 g/cm³；放电终了时，电解液相对密度为 1.12 g/cm³。

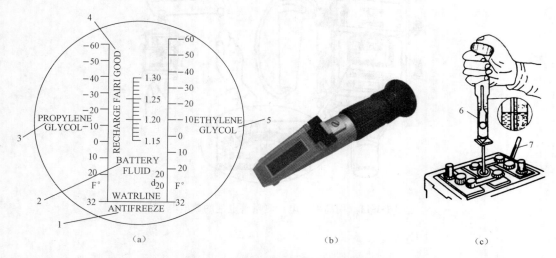

图 1-1-10 电解液相对密度的检测方法
(a)冰点密度仪视窗；(b)冰点密度仪；(c)检测
1—防冻液；2—电解液；3—丙二醇；4—电解液相对密度；5—乙二醇；6—密度计；7—温度计

4. 蓄电池端电压的检测

我们一般采用蓄电池放电测试仪测量蓄电池端电压，用测试仪两正、负测钳分别夹持蓄电池正、负电极，按下测试按钮，观察测试仪表指示情况。

(1)如果仪表指示电压为 9 V 以上则说明蓄电池状态良好。

(2)如果低于 9 V 但是指针处于某个数值不动，则说明蓄电池处于亏电状态，需要补充充电。

(3)如果指针慢慢下降则说明蓄电池内部有短路现象。

(4)如果指针快速下降为 0 V 则说明蓄电池内部有断路现象。

5. 蓄电池放电程度的检测

用高率放电计测量蓄电池的放电电压如图 1-1-11 所示。

测量时我们应将两叉尖紧压在单体电池的正、负极柱上，历时 5 s 左右，观察大负荷放电情况下蓄电池所能保持的端电压。

一般技术状况良好的蓄电池，用高率放电计测量时，单体电池电压应在 1.5 V 以上，并在 5 s 内保持稳定；如果 5 s 内电压迅速下降，或某一单体电池的电压比其他单体电池低 0.1 V 以上时，则表示该单体电池有故障，应进行修理。

项目一 汽车电源系统

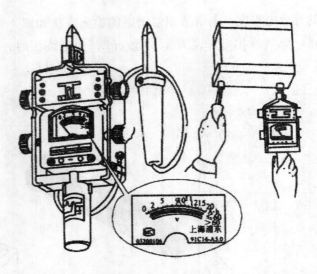

图 1-1-11 用高率放电计测量蓄电池的放电电压

七、蓄电池的充电方法和充电类型

1. 蓄电池的充电方法

蓄电池的充电方法有：定压充电、定流充电和脉冲快速充电。

1）定压充电

定压充电是指充电过程中充电电源电压保持恒定的充电方法。在汽车上，蓄电池采用的就是这种充电方法。定压充电的接线方法如图 1-1-12 所示。

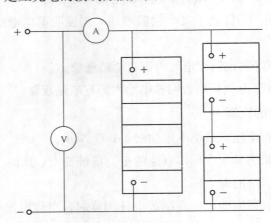

图 1-1-12 定压充电的接线方法

定压充电时，根据 $I_C=(U-E)/R$ 可知，随着蓄电池电动势 E 的增加，充电电流 I_C

逐渐减小。如果充电电压调节适当,则在充满电时充电电流为零,即充电完成。

定压充电时,被充蓄电池与充电电源并联,每条支路上单格电池的数目均应相等。同时我们还要选择合适的充电电压。若充电电压过高,则将导致过充电、极板弯曲、活性物质脱落、温升过高;若充电电压过低,则将导致蓄电池不能充足电。一般单格电池充电电压为 2.5 V。

在定压充电初期,充电电流较大,4~5 h 即可达到额定容量的 90%~95%,因而充电时间较短,而且不需要照管和调整充电电流,适用于补充充电。由于充电电流不可调节,因此定压充电不适用于初充电和去硫化充电。

2)定流充电

定流充电是指在充电过程中充电电流保持恒定的充电方法,被广泛用于初充电、补充充电和去硫化充电等。定流充电的接线方法如图 1-1-13 所示。

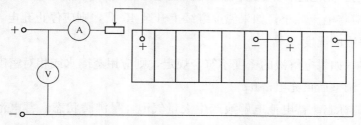

图 1-1-13　定流充电的接线方法

定流充电时,被充蓄电池采用串联方式。为缩短充电时间,充电过程通常就分为两个阶段。第一阶段采用较大的充电电流,使蓄电池的容量迅速恢复。当蓄电池电量基本充足,单格电池电压达到 2.4 V,开始电解水产生气泡时,转入第二阶段,将充电电流减小一半,直到电解液密度和蓄电池端电压达到最大值且在 2~3 h 内不再上升,蓄电池内部剧烈地冒出气泡时为止。

3)脉冲快速充电

脉冲快速充电必须用脉冲快速充电机进行,其充电电流波形如图 1-1-14 所示。

脉冲快速充电的优点是可大大缩短充电时间(新蓄电池充电需 5 h,补充充电需 1 h);其缺点是对蓄电池的寿命有一定的影响,并且脉冲快速充电机结构复杂、价格昂贵,适用于电池集中、充电频繁、应急要求的场合。

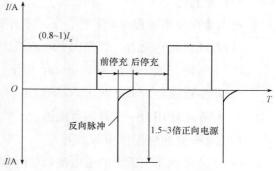

图 1-1-14　脉冲快速充电电流波形

2. 蓄电池的充电类型

1)初充电

新蓄电池或修复后的蓄电池(更换极板)在使用前的首次充电为初充电。其操作步骤如下:

(1)检查蓄电池的壳体,拧下加液孔盖。

(2)按照不同的季节和气温选择电解液密度。将选择好的电解液从加液孔处缓慢加入蓄电池,液面要高出极板上沿15 mm。

(3)静置6～8 h,让电解液充分浸渍极板(由于电解液浸入极板后液面会有所下降,应再加入电解液将液面调整到规定值)。

(4)待电解液温度下降到30 ℃以下后将充电机的正极接到蓄电池的正极,充电机的负极接到蓄电池的负极,准备充电。

(5)选择初充电电流大小。第一阶段的充电电流约为蓄电池容量的1/15,充电至电解液中有气泡析出,单格端电压达到2.4 V。第二阶段的充电电流约为蓄电池容量的1/30。

(6)开始充电。充电过程中我们要经常测量电解液的密度和温度。如果电解液的温度超过40 ℃,则应将电流减小;如果温度继续上升至45 ℃,则应停止充电,适当采取冷却措施以降低电解液的温度。

接近终了时,如果电解液的密度不符合规定,则应用蒸馏水或相对密度为1.40 g/cm³的电解液调整,调整后再充电2 h。

(7)充足电的标志。蓄电池电解液产生大量气泡,呈沸腾状态;蓄电池电解液的密度及单格端电压达到规定值,并连续3 h不变。

(8)放电。新蓄电池充足电后,应以20 h放电率放电。放电的步骤是使充足电的蓄电池休息1～2 h然后以20 h放电率放电。放电开始后每隔2 h作业人员测量一次单格电压,当单格电压下降至1.8 V时,每隔20 min测量一次电压,单格电压下降至1.75 V时,立即停止放电。

(9)进行补充充电至蓄电池充足。

2)补充充电

蓄电池在使用过程中,若符合下列条件则应进行补充充电。

(1)起动机运转无力、灯光比平时暗淡。

(2)电解液密度下降至1.15 g/cm³以下。

(3)单格电池电压下降至1.75 V以下。

(4)储存未使用近一个月的蓄电池。

蓄电池补充充电操作步骤如下:

(1)清洁从汽车上拆下的蓄电池,清除蓄电池盖上的脏污,疏通加液孔盖上的通气孔,清除极柱和导线接头上的氧化物。

(2)检查电解液的密度和液面高度。

(3)用高率放电计检查各单格电池的放电情况。

(4)将蓄电池的正、负极接至充电机的正、负极。

(5)选择充电规范:第一阶段的充电电流约为蓄电池额定容量的1/10;第二阶段的充

电电流约为蓄电池额定容量的 1/20。

（6）充足电的标志（电解液呈沸腾状态；电解液密度和蓄电池端电压达到规定值，且连续 3 h 不变）。

（7）将加液孔盖拧紧，擦净蓄电池的表面。

3）去硫化充电

蓄电池在使用过程中可能发生极板硫化现象，内阻加大，充电时温度上升较快，蓄电池的容量降低。对于硫化较轻的蓄电池我们可以通过去硫化充电法将其消除。其操作步骤如下：

（1）先倒出原有的电解液，并用蒸馏水清洗两次，然后加入蒸馏水。

（2）接通充电电路，将电流调到初充电第一阶段的电流值进行充电，当密度上升到 1.15 g/cm³ 时，倒出电解液，换加蒸馏水再进行充电，直到电解液密度不再增加。

（3）以 10 h 放电率放电，当单格电压下降到 1.7 V 时，以补充充电的电流进行充电、放电、再充电，直到容量达到额定值 80% 以上。

3. 蓄电池充电的注意事项

（1）严格遵守各种充电方法的充电规范。

（2）在充电过程中作业人员应注意对各个单格电池电压和电解液密度的测量，及时判断其充电程度和技术状况。

（3）在充电过程中作业人员应注意各个单格电池的温升，以防温度过高影响蓄电池的性能，必要时可用风冷或水冷的方法降温。

（4）初充电工作应连续进行，不可长时间间断。

（5）配置和加注电解液时，作业人员要严格遵守安全操作规程和器皿的使用规则。

（6）充电时作业人员应备好冷水和质量分数为 10% 的苏打水或质量分数为 10% 的氨水，用以处理溅出的电解液。

（7）充电时打开电池的加液孔盖，使氢气、氧气顺利逸出，以免发生事故。

（8）充电场所应装有通风设备，严禁用明火照明或取暖等。

（9）充电时应先接牢蓄电池连接线，停止充电时应先切断充电电源。导线连接要可靠，严防火花的产生。

八、免维护蓄电池

1. 免维护蓄电池的结构

（1）正极板栅架一般采用铅钙合金或低锑合金制造，而负极板栅架均用铅钙合金制造。免维护蓄电池采用铅钙合金栅架，充电时产生的水分解量少，水分蒸发量低。

（2）隔板大多采用超细玻璃纤维棉制作。

(3) 极板组多采用紧装结构，各单格极板组之间采用穿壁式串接方法，露在密封式壳体外面的只有正、负极柱。

(4) 壳体上部设有收集水蒸气和硫酸蒸气的集室，待蒸气冷却后变成液体通过通气孔重新流回电解液内。

(5) 内部设有温度补偿式密度计，以便检查电解液密度，了解存电情况。

免维护蓄电池与传统蓄电池相比，具有以下优点：

(1) 不需添加任何液体。

(2) 对接线柱头、电线腐蚀少。

(3) 抗过充电能力强。

(4) 起动电流大。

(5) 电量储存时间长。

2. 免维护蓄电池的使用

普通蓄电池和干荷蓄电池都有一个弱点，就是要经常检查电解液液面的高度。一旦电解液缺少就必须随时添加，否则会损坏蓄电池。电解液由硫酸和蒸馏水按一定比例配置而成，在蓄电池的使用过程中，消耗的是电解液里面的蒸馏水，而硫酸基本没有损耗，这是因为蓄电池是将电能转换为化学能储存起来，在用电过程中，又将化学能转换为电能释放出来。

免维护蓄电池就是对栅架的材料进行改进，把铅锑合金改成铅钙锡合金，并采用专门工艺制作成栅架，使电解水的能力大大降低，因此免维护蓄电池在使用过程中电解液的损耗很小，不需要经常检查蓄电池的电解液液面。从上面可以看出，免维护蓄电池只是不需要经常检查电解液液面高度，但不是免维护蓄电池被装到车上不再需要管理。其实免维护蓄电池在使用过程中还需要进行一些保养，如果保养得当，则可以大大延长其使用寿命。

免维护蓄电池电眼内置温度补偿式密度计的免维护蓄电池。它是通过检测蓄电池电解液比重显示不同的颜色，供用户大致判断蓄电池的工作状态，其结构如图 1-1-15 所示。

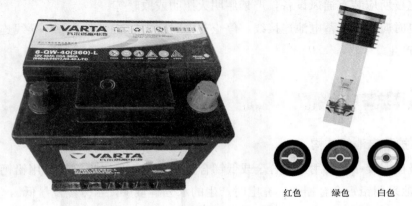

图 1-1-15　免维护蓄电池电眼的结构

绿色表示蓄电池满电，红色或黑色表示蓄电池需要充电。若发现电眼发白，则有可能是电眼中有气泡，我们可轻微摇晃电池将气泡赶走。若摇晃后仍然发白，则应更换该蓄电池。电眼不是判断蓄电池工作状态的唯一手段，很多车辆可以通过用电设施的亮度，汽车起动的困难程度进行判断，蓄电池正常的使用周期是2～4年。

任务二　发电机及电压调节器

一、发电机的功用

发电机是汽车的主要电源，其功用是在发动机正常运转时，向所有用电设备（起动机除外）供电，同时给蓄电池充电。汽车用发电机可分为直流发电机和交流发电机，由于交流发电机的性能在许多方面优于直流发电机，所以直流发电机已被淘汰。目前汽车采用三相交流发电机，其内部带有二极管整流电路，将交流电整流为直流电，所以汽车交流发电机输出的是直流电。交流发电机必须配装电压调节器，电压调节器对发电机的输出电压进行控制，使其保持基本恒定，以满足汽车用电器的需求。发电机是汽车的主要电源，其外形和在整车上的位置如图1-2-1所示。发动机正常运转时，向所有用电设备（起动机除外）供电，同时给蓄电池充电，充电原理如图1-2-2所示。

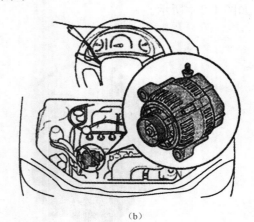

(a) (b)

图 1-2-1　发电机外形和在整车上的位置
(a)外形；(b)位置

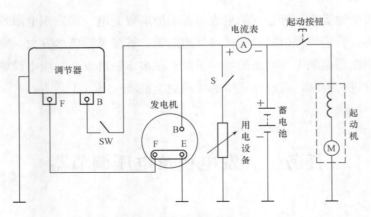

图 1-2-2 发电机给蓄电池充电原理

二、发电机的类型及特点

1. 按总体结构分类

(1) 普通交流发电机又称为"硅整流发电机"（使用时需要配装电压调节器的发电机）。例如 EQ140 汽车使用的 JF132 型发电机。普通交流发电机如图 1-2-3 所示。

(2) 整体式交流发电机（发电机和调节器被制成一个整体的发电机）。例如别克轿车的发动机上装配的是 CS 型发电机（包括 CS-121、CS-130 和 CS-144 三种不同的型号），如图 1-2-4 所示。

图 1-2-3 普通交流发电机

图 1-2-4 整体式交流发电机

(3) 带泵交流发电机如图 1-2-5 所示，带泵交流发电机安装的泵是真空泵，不是真空助力泵。

(4) 无刷交流发电机（不需要电刷的发电机），例如 JFW1913。爪极式无刷交流发电机结构原理如图 1-2-6 所示。

(5)永磁交流发电机,是由永磁铁制成的发电机。

 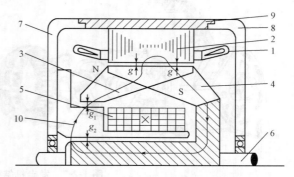

图 1-2-5　带泵交流发电机　　　　图 1-2-6　爪极式无刷交流发电机结构原理

1—定子绕组；2—定子铁芯；3,4—爪形磁极；
5—励磁绕组；6—转子轴；7,8—端盖；
9—机座；10—磁轭托架

2. 按整流器结构分类

(1)六管交流发电机,例如 JF1522(东风汽车用)。
(2)八管交流发电机,例如 JFZ1542(天津夏利汽车用)。
(3)九管交流发电机,例如日本日立、三菱、马自达汽车用发电机。
(4)十一管交流发电机,例如 JFZ1913 Z(奥迪、桑塔纳汽车用)。

3. 按磁场绕组搭铁形式分类

(1)内搭铁型交流发电机,磁场绕组的一端(负极)直接搭铁(和壳体相连)。
(2)外搭铁型交流发电机,磁场绕组的一端(负极)接入调节器,通过调节器搭铁。

三、交流发电机的结构

普通交流发电机一般由转子,定子,正、负极板,电刷总成,前、后端盖,带轮,风扇等组成。发电机结构原理如图 1-2-7 所示。

1. 转子

转子的功用是产生旋转磁场。转子由爪极、磁轭、励磁绕组、滑环、转子轴等组成,其结构如图 1-2-8 所示。

转子轴上压装着两块爪极,爪极被加工成鸟嘴形状,爪极空腔内装有励磁绕组和磁轭。滑环由两个彼此绝缘的铜环组成,压装在转子轴上并与轴绝缘,两个滑环分别与励磁绕组的两端相连。当两滑环被通入直流电时,励磁绕组中就有电流通过,并产生轴向磁通,使爪极一块被磁化为 N 极,另一块被磁化为 S 极,从而形成 6 对(或 8 对)相互交错的磁极。转子转动就形成了旋转的磁场。

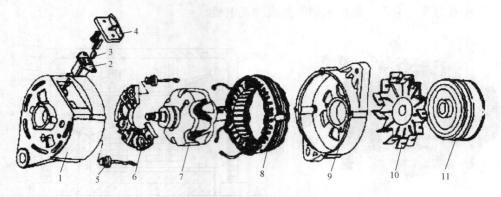

图 1-2-7 发电机结构原理

1—后端盖；2—电刷架；3—电刷；4—电刷弹簧压盖；5—硅二极管；
6—正、负极板；7—转子；8—定子；9—前端盖；10—风扇；11—带轮

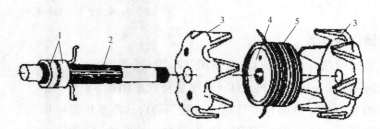

图 1-2-8 发电机转子结构

1—滑环；2—转子轴；3—爪极；4—磁轭；5—励磁绕组

2. 定子

定子的功用是产生三相交流电。定子被安装在转子的外面，和发电机的前、后端盖固定在一起，当转子在其内部转动时，引起定子绕组中磁通的变化，定子绕组中就产生交变的感应电动势。定子由定子铁芯和定子绕组（线圈）组成。

三相绕组的连接方法可分为星形连接和三角形连接两种。

（1）星形连接是每相绕组的末端线头相接形成公共接点，首端形成三相输出端，如图 1-2-9 所示。星形连接有低速发电性能好的优点，所以目前车用发电机多采用星形连接。

（2）三角形连接是三相绕组的首尾线头彼此相接，就像三角形，所以被称为三角形连接，如图 1-2-10 所示。三角形连接的优点是发电机内部损失小，在高转速时能产生较大的输出电流，因而主要被用在高转速时要求有高输出功率的交流发电机上。三角形连接的缺点是低转速时输出电压较低。

3. 正、负极板

交流发电机正、负极板的作用是将发电机定子绕组产生的三相交流电变换为直流电，一般由 6 只硅整流二极管压入两层散热板组成，两层散热板之间绝缘。正、负极板如图 1-2-11 所示。

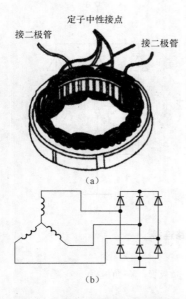
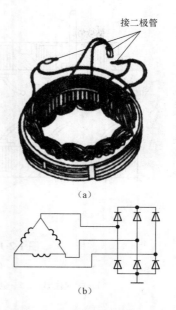

图 1-2-9　发电机定子绕组星形连接
(a)实物图；(b)线路图

图 1-2-10　发电机定子绕组三角形连接
(a)实物图；(b)线路图

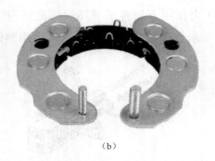

图 1-2-11　正、负极板
(a)正极板；(b)负极板

　　正、负极板的工作电流大、反向耐压值高。元件板的公共连接部分为导体使用，一般采用铝材，有较好的散热效果。交流发电机正、负极板有正极管和负极管之分，引出线为正极的被称为正极管，引出线为负极的被称为负极管。

　　三个正极管的壳体压装在散热板的三个孔中，这三只正极管的壳体和散热板组成发电机的正极板，由固定散热板的螺栓(此螺栓与后端盖绝缘)通至壳体外，作为发电机的输出接线柱 B+。三个负极管的壳体压装在另一块散热板的三个孔中，这三个负极管的壳体和散热板组成发电机的负极板，它们的壳体与发电机壳体组成发电机的负极 E。正、负极板的电路连接如图 1-2-12 所示。

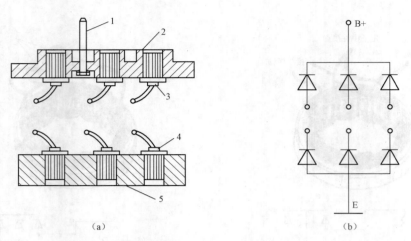

图 1-2-12 正、负极板的电路连接

(a)实物图；(b)线路图

1—接线柱 B+；2—正极板；3—正极管；4—负极管；5—负极板

4. 电刷总成

发电机电刷的作用是与发电机转子滑环形成滑动接触，将发电机转子或蓄电池提供的励磁电流传导至发电机转子绕组，形成转子磁场。两只电刷被装在电刷架的方孔内，并在其弹簧的压力作用下与转子滑环保持良好的接触。电刷的结构有外装式和内装式两种，如图 1-2-13 所示。整体式交流发电机多采用整体式电刷架。

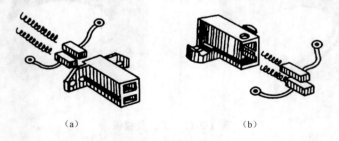

图 1-2-13 电刷架的结构

(a)外装式；(b)内装式

由于发电机磁场搭铁回路的不同，电刷总成上的两个电刷接线柱可分为接线柱 B，F 或接线柱 F1，F2 两种电刷总成。前者为内搭铁式发电机所用，后者为外搭铁式发电机所用。提示：当电刷的高度低于 7 mm 时我们应更换电刷，更换时注意电刷的规格型号要求一致。

5. 前、后端盖

发电机前、后端盖使用不导磁的铝合金制成，用以支撑转子与定子，并用固定架安装于发动机上，其结构如图 1-2-14 所示。前端盖上有通风孔，使冷却空气通过。后端盖上安装有整流器、电刷架、输出接头及轴承等。

图 1-2-14　发电机前、后端盖结构

（a）前端盖；（b）后端盖

6. 带轮

交流发电机的带轮是发动机与发电机之间的传动构件，通常由铸铁或铝合金制成，分单槽和双槽两种，利用半圆键被装在前端盖外侧的转子轴上，用弹簧垫片和螺母紧固。

7. 风扇

风扇是发电机工作时通风的构件，用以冷却发电机。一般用 1.5 mm 的钢板冲压制成，或用铝合金铸造制成，利用半圆键装在前端盖外侧的转子轴上，紧压在带轮与前端盖之间。带轮、风扇的结构如图 1-2-15 所示。

图 1-2-15　带轮、风扇的结构

四、发电机的工作原理

1. 发电机的发电原理

发电机的三相定子绕组按一定规律分布在发电机的定子槽中，彼此相差 120°电角度。发电机的发电原理如图 1-2-16 所示。

当励磁绕组接通直流电时即被励磁，一块爪极形成 N 极，另一块爪极形成 S 极，两块爪极相互交错形成 6 对磁极。转子旋转时，励磁绕

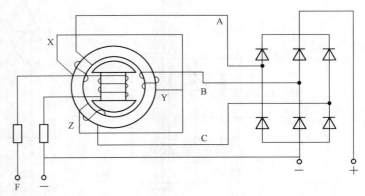

图 1-2-16　发电机的发电原理

组所产生的磁场随之旋转，形成旋转磁场。它与固定不动的定子绕组产生相对运动，使三相定子绕组中产生三个频率相同、幅值相等、相位相差120°电角度的正弦电动势 e_A、e_B 和 e_C，其瞬时值分别为

$$e_A = E_m \sin\omega t = \sqrt{2} E_\Phi \sin\omega t$$
$$e_B = E_m \sin(\omega t - 120°) = \sqrt{2} E_\Phi \sin(\omega t - 120°)$$
$$e_C = E_m \sin(\omega t + 120°) = \sqrt{2} E_\Phi \sin(\omega t + 120°)$$

式中　E_m——相电动势的最大值；
　　　E_Φ——相电动势的有效值；
　　　ω——电角频率（$\omega = 2\pi f$）。

发电机每相绕组所产生的电动势的有效值（N）为

$$E_\Phi = 4.44 \, K f N \Phi$$

式中　K——定子绕组系数，一般小于1；
　　　f——感应电动势的频率（Hz），$f = Pn/60$（P为磁极对数，n为转速，r/min）；
　　　N——每相绕组的匝数；
　　　Φ——磁极的磁通（Wb）。

这表明，使用中的交流发电机，其交变电动势的有效值取决于转速和转子的磁通量，这一性质将直接决定交流发电机的输出电压值。

2. 发电机的整流原理

硅二极管具有单向导电特性。当二极管被加上正向偏置电压时，二极管处于导通状态；当二极管被加上反向偏置电压时，二极管处于截止状态。用硅二极管组成整流电路，就可以把交流电变成直流电。在交流发电机中，6只二极管组成的三相桥式全波整流电路及电压波形，如图1-2-17所示。

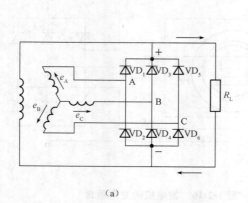
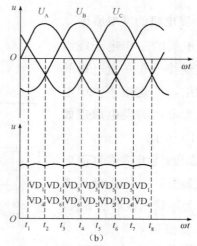

图 1-2-17　三相桥式全波整流电路及电压波形
(a)电路；(b)电压波形

由于3个正极管（VD_1、VD_3、VD_5）的正极分别接在发电机三相绕组的首端，它们的负极同时接在正极板上，所以在某一瞬间，哪一相的电压最高，哪一相就获得正向电压而导通。由于3个负极管（VD_2、VD_4、VD_6）的负极也分别接在三相绕组的首端，而它们的正极同时接在负极板上，所以在某一瞬间，哪一相的电压最低，哪一相的负极管就导通。因此在某一瞬间同时导通的二极管只有两个（即正负极管各一个）。

当 $t=0$ 时，C 相电位最高，而 B 相电位最低，所对应的二极管 VD_5、VD_4 均处于正向导通。电流从绕组 C 出发，经 $VD_5 \rightarrow$ 负载 $R_L \rightarrow VD_4 \rightarrow$ 绕组 B 构成回路。由于二极管的内阻很小，所以此时发电机的输出电压可被视为绕组 B、C 之间的线电压。

在 $t_1 \sim t_2$ 内，A 相的电位最高，而 B 相电位最低，故 VD_2、VD_3 处于正向导通。同理，交流发动机的输出电压可被视为绕组 A、B 之间的线电压。

在 $t_2 \sim t_3$ 内，A 相电位最高，而 C 相电位最低，故 VD_1、VD_6 处于正向导通。同理，交流发动机的输出电压可被视为绕组 A、C 之间的线电压。

以此类推，周而复始，负载就得到一个比较平缓的直流脉动电压。交流发电机输出电压的平均值为

$$U_{av} = 2.34 U_\Phi$$

式中 U_{av}——输出直流电压平均值(V)；

       U_Φ——发电机相电压有效值(V)。

在三相全波整流电路中每只二极管所承受的最高反向电压为线电压的最大值。

有的交流发电机带有中心抽头，它是从三相绕组的中性点引出来的，其接线柱的记号为 N。

中性点电压的作用：中性点与发电机壳体（即搭铁）之间的电压一般被用来控制各种用途的继电器，如磁场继电器、充电指示灯继电器等。

三相八管桥式整流电路、三相十一管桥式整流电路分别如图 1-2-18、图 1-2-19 所示。

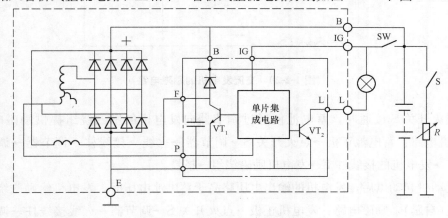

图 1-2-18   三相八管桥式整流电路

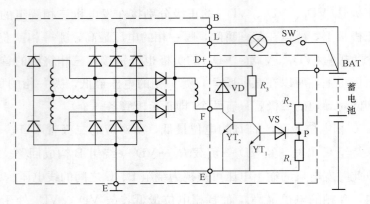

图 1-2-19 三相十一管桥式整流电路

3. 发电机的励磁方法

将电源引入磁场绕组使之产生磁场,其被称为励磁。励磁方法分为他励和自励。

(1)他励:在发动机起动期间,蓄电池供给发电机磁场电流生磁使发电机发电,这种供给磁场电流的方式被称为他励。

(2)自励:当发电机有能力对外供电时,就可以把自身发的电供给磁场绕组生磁发电,这种供给磁场电流的方式被称为自励。

除永磁式交流发电机不需要励磁,其他形式的交流发电机都需要励磁。发电机的励磁方法是先他励、后自励。交流发电机的励磁电路如图 1-2-20 所示。

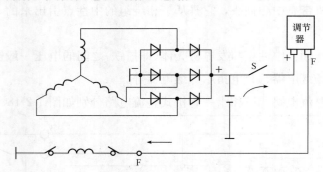

图 1-2-20 交流发电机的励磁电路

当点火开关 S 接通时,蓄电池便通过调节器向发电机的励磁绕组提供励磁电流(他励),励磁电路:蓄电池正极→点火开关 S→调节器→火线→接线柱→调节器→调节器的接线柱 F→发电机的接线柱 F→发电机励磁绕组→搭铁。

当发动机起动以后,发电机的输出电压略高于蓄电池电压时,发电机给励磁绕组提供励磁电流(自励),励磁电路:发电机正极→点火开关 S→调节器→火线接线柱→调节器→调节器的接线柱 F→发电机的接线柱 F→发电机励磁绕组→搭铁。发电机自励发电,并给蓄电池充电。

有充电指示灯的九管桥式整流交流发电机的励磁电路如图 1-2-21 所示。

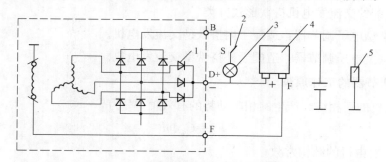

图 1-2-21　九管桥式整流交流发电机的励磁电路

1—正极管；2—点火开关；3—充电指示灯；4—电压调节器

当点火开关 S 接通时，励磁电路是他励式，电流方向：蓄电池正极→点火开关 S→充电指示灯→调节器→调节器的接线柱 F→发电机的接线柱 F→发电机励磁绕组→搭铁。这时充电指示灯亮，表示蓄电池在放电。

当发动机起动以后，发电机电压高于蓄电池电压时，D+ 与 B 两点电位相等，充电指示灯因两端电位相等而熄灭，表示发电机正常发电。

一方面，由发电机的火线接线柱 B 向全车供电及蓄电池充电，另一方面通过接线柱 D+ 为发电机的励磁绕组提供励磁电流。

励磁电路：接线柱 D+→调节器→调节器的接线柱 F→发电机的接线柱 F→发电机励磁绕组→搭铁。当发动机熄火时，充电指示灯亮，表示蓄电池在放电，提醒驾驶员关闭点火开关；当车辆运行时，充电指示灯亮，表示充电系统有故障，提醒驾驶员及时维修。

五、电压调节器

1. 电压调节器的功用与分类

1）发电机电压调节器的功用

发电机电压调节器的功用是使交流发电机的输出电压保持恒定。由于交流发电机的转速是由发动机通过传动带动旋转的，且发动机和交流发电机的转速比为 1.7∶3，所以交流发电机转子的转速变化范围较大，这样将引起发电机的输出电压发生较大变化，无法满足汽车用电设备的工作要求，为了满足用电设备恒定电压的要求，交流发电机就必须配用发电机调节器，使其输出电压在发动机所有工况下基本保持恒定。

2）按电压调节器工作原理分类

（1）触点式电压调节器。

(2)电子式电压调节器。

(3)集成电路电压调节器。

3)按所匹配的交流发电机搭铁形式分类

(1)内搭铁型电子调节器:适配于内搭铁型交流发电机。

(2)外搭铁型电压调节器:适配于外搭铁型交流发电机。

2. 电压调节器的工作原理

交流发电机的三相绕组产生的相电动势的有效值(V)为

$$E_\Phi = C_\Phi \Phi n$$

式中　C_Φ——发电机的结构常数；

　　　n——转子转速；

　　　Φ——转子磁极的磁通。

故交流发电机所产生的感应电动势与转子转速和磁极磁通成正比。

转速 n 是随发动机转速变化的,我们无法控制转速。我们可以控制磁通 Φ,使之随 n 的变化做相应的变化,来保持发电机相电动势 E_Φ 的不变。

$$E_\Phi(\text{不变}) = C_\Phi n\uparrow \Phi\downarrow$$
$$E_\Phi(\text{不变}) = C_\Phi n\downarrow \Phi\uparrow$$

方法:当交流发电机的转速升高时,我们通过减小发电机的励磁电流 I 来减小磁通 Φ,使发电机相电动势 E_Φ 保持不变。所以,交流发电机调节器的工作原理是当交流发电机的转速升高时,调节器通过减小发电机的励磁电流 I 来减小磁通 Φ,使发电机的输出电压 U_Φ 保持不变。

3. 电子式电压调节器的基本原理

电子式电压调节器就是利用大功率三极管的导通和截止接通和断开励磁电路,从而改变励磁电流大小。电子式电压调节器的基本电路如图 1-2-22 所示。

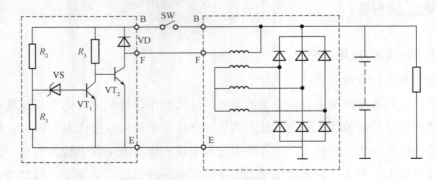

图 1-2-22　电子式电压调节器的基本电路

JFT106 型电子式电压调节器的工作原理电路如图 1-2-23 所示。

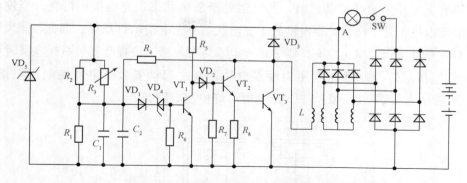

图 1-2-23 JFT106 型电子式电压调节器的工作原理电路

4. 集成电路调节器

集成电路调节器也称 IG 调节器。IG 调节器是根据使用要求,将若干元件集成到同一基片上制成一个独立的电子芯片,其所组成的调节器。IG 调节器体积小,被装在发电机内部,构成整体式发电机。

集成电路调节器工作原理和晶体管调节器相同。夏利轿车 IG 调节器结构如图 1-2-24 所示。夏利轿车 IG 调节器电路如图 1-2-25 所示。

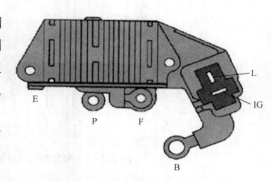

图 1-2-24 夏利轿车 IG 调节器结构

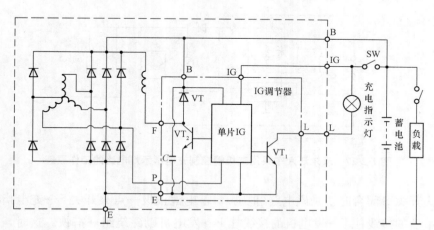

图 1-2-25 夏利轿车 IG 调节器电路

5. 充电指示灯的控制电路

充电指示灯(属于报警装置)被用来监测充电系统的工作情况。

当接通点火开关起动发动机时，蓄电池处于放电状态，充电指示灯亮；当发动机起动，交流发电机正常工作后，蓄电池处于充电状态，充电指示灯熄灭。因此，当发动机正常工作时，充电指示灯突然发亮，则表示充电系统有故障，应提醒驾驶员注意及时维修。

(1) 充电指示灯控制电路利用中性点电压，通过起动复合继电器控制充电指示灯。图 1-2-26 所示为 EQ1092、CA1092 充电指示灯控制电路。

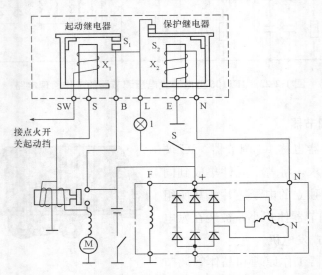

图 1-2-26　EQ1092、CA1092 充电指示灯控制电路

(2) 沃尔沃汽车采用二极管控制充电指示灯电路的工作原理如图 1-2-27 所示。

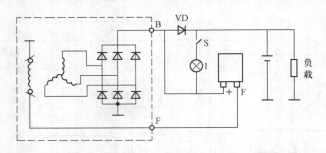

图 1-2-27　沃尔沃汽车采用二极管控制充电指示灯电路的工作原理

当点火开关 S 闭合时，励磁电路（他励）：蓄电池正极→点火开关 S→充电指示灯→调节器→调节器的接线柱 F→发电机的接线柱 F→发电机励磁绕组→搭铁。这时，充电指示灯亮。

当发动机起动后，发电机的输出电压高于蓄电池的电动势，二极管 VD 导通，同时，二极管 VD 将充电指示灯短路，充电指示灯熄灭，表示发电机正常工作。

蓄电池的充电电路：发电机的火线接线柱 B→二极管 VD→蓄电池正极。

励磁电路（自励）：发电机的火线接线柱 B→调节器→调节器的接线柱 F→发电机的接线柱 F→发电机励磁绕组→搭铁。

任务三　汽车电源系统故障检修

一、蓄电池的拆装规范

1. 蓄电池拆装方法

（1）拆装或移动蓄电池时，应轻搬轻放，严禁在地上拖拽。
（2）蓄电池型号和车型应相符，电解液密度和高度应符合规定。
（3）安装时，将蓄电池固定在托架上，塞好防振垫。
（4）极柱涂上凡士林或润滑油，防腐防锈。极柱卡子与极柱要接触良好。
（5）蓄电池搭铁极性必须与发电机一致，采用负极搭铁。
（6）更换蓄电池时，先拆负极缆线，再拆正极缆线；安装时，先安装正极缆线，再安装负极缆线，以防金属工具搭铁造成蓄电池短路。
（7）一定要将蓄电池安装到位，用标准扭矩紧固，如图1-3-1所示。

图1-3-1　蓄电池的安装

2. 蓄电池拆装的注意事项

（1）对于电控车辆，在没有读取故障码之前请勿断开蓄电池连接线。断电之后，控制单元的故障码会自动消除，将会影响检修人员判断故障情况。所以我们在断电之前必须记录当前故障码。

(2) 点火开关处于接通(ON)状态时请勿断开蓄电池连接线。突然断开蓄电池连接线,会使电路中线圈产生自感电动势,从而容易损坏电脑板或传感器。

(3) 不能随意用拆除蓄电池连接线的方法清除故障码。因为汽车都是采用负极搭铁的方式,这种方式可以防止电磁干扰。在车辆维修中需要断电时只要把蓄电池负极拆下,就不易造成短路。

(4) 对于部分发动机而言,断开蓄电池连接线可以清楚当前存储的故障码,但有些发动机断开蓄电池之后,防盗和导航系统会锁死,所以不能随意断电。

(5) 合理的断电之后,必须做好相应的匹配。

二、发电机的就车检查

1. 充电指示灯的检查

打开点火开关不起动发动机,这时作业人员查看仪表充电指示灯是否点亮,如图1-3-2所示。如果不亮,则应检查相应电路或充电指示灯熔丝是否熔断,指示灯的灯泡是否损坏,如损坏则应更换,然后起动发动机,当发动机正常运转时充电指示灯应熄灭,否则应检查发电机。

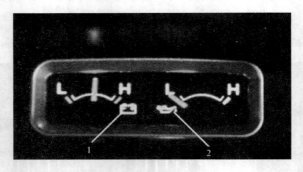

图 1-3-2 充电指示灯点亮
1—充电指示灯;2—机油压力警告灯

2. 励磁电路的检查

在打开点火开关的状态下用一金属物体检查发电机转子轴有无磁性,如有则说明发电机励磁电路良好,如没有则应检查发电机励磁电路有无输入电压,如有电压,则故障在电压调节器或励磁绕组。

3. 发电机运行状态的检查

在发动机运行状态下用万用表检查发电机的输出电压,在发动机转速为 2 000 r/min 的情况下发电机的输出电压应不大于 14.50 V。

三、发电机解体后的检查

1. 转子的检查

1)励磁绕组短路与断路的检查

用数字万用表的低电阻挡检测两滑环之间的电阻,阻值应符合技术标准。若阻值为"∞"则说明断路;若阻值为"0"则说明短路。一般阻值为 2.3～2.7 Ω,若断路或短路则一般要求更换此绕组。励磁绕组短路与断路的检查如图 1-3-3 所示。

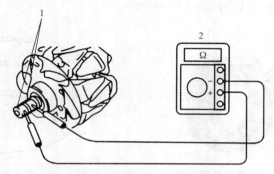

图 1-3-3　励磁绕组短路与断路的检查

1—滑环;2—欧姆表

2)励磁绕组搭铁的检查

检查转子绕组与铁芯(或转子轴)之间的绝缘情况。用万用表电阻挡检测两滑环与铁芯(或转子轴)之间的导通情况。用数字万用表进行测量,测量表笔一端接滑环,另一端接铁芯(或转子轴),若电阻为"0"或一定阻值,则说明有搭铁故障,正常时电阻为"∞"。励磁绕组搭铁的检查如图 1-3-4 所示。

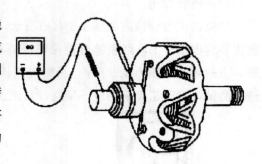

图 1-3-4　励磁绕组搭铁的检查

3)滑环的检查

滑环表面应平整光滑,无明显烧损,否则我们可用 0 号砂纸打磨。两滑环间应无积聚物。滑环圆度误差不超过 0.025 mm,厚度不小于 1.50 mm。

4)转子轴的检查

用百分表检查轴的弯曲度,弯曲度应不超过 0.05 mm(径向圆跳动应不超过 0.1 mm),否则应予以校正。爪形磁极在转子轴应固定牢靠、间距相等。

2. 定子的检查

1) 定子绕组短路与断路的检查

用数字万用表的低电阻挡检测定子绕组的三个接线端，两两接线端分别检测。正常时，阻值小于 12.0 Ω 且相等。若阻值为"∞"，则说明断路；阻值为零，则说明短路，断路或短路一般应整体更换绕组。定子绕组短路与断路的检查如图 1-3-5 所示。

2) 定子绕组搭铁的检查

用数字万用表电阻挡测定子绕组接线端与铁芯间的阻值，检查定子绕组与定子铁芯间的绝缘情况。若测量结果的电阻为"0"或一定阻值，则说明绝缘有故障，正常时电阻为"∞"。定子绕组搭铁的检查如图 1-3-6 所示。

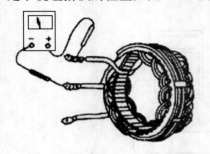
图 1-3-5　定子绕组短路与断路的检查

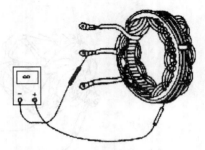
图 1-3-6　定子绕组搭铁的检查

3. 整流器的检查

1) 正极管检测

整流器正极管检测如图 1-3-7(a) 所示，用数字万用表的二极管挡进行测量，黑表笔接整流器输出端子 B，红表笔分别接整流器各接线端 P_1、P_2、P_3、P_4，所测正极管均应导通，正向导通电压为 489 mV，否则说明该二极管断路，应更换整流器总成；调换两表笔进行测试，此时正极管均应不导通，否则说明二极管短路，亦应更换整流器总成。

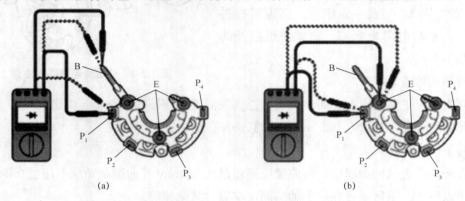

(a) (b)

图 1-3-7　整流器正、负极管的检测

(a) 正极管的检测；(b) 负极管的检测

2)负极管检测

负极管的检测方法与正极管一样,用数字万用表的二极管挡进行测量,红表笔接整流器负极管的外壳,黑表笔分别接整流器各接线端 P_1、P_2、P_3、P_4,负极管均应导通,否则说明该二极管断路,应更换整流器总成;调换两表笔进行测试,此时负极管均应截止,否则说明二极管短路,亦应更换整流器总成。

4. 电刷组件的检查

电刷表面不得有油污,且应在电刷架中活动自如,电刷磨损不得超过原高度的1/3(标准长度为 10.00 mm)。我们一般用游标卡尺测量电刷的外露长度,标准外露长度:9.5～11.5 mm;最小长度:4.5 mm。电刷架应无烧损、破裂或变形。

练习

蓄电池

一、判断题(对的打"√",错的打"×")

1. 汽车发动机起动时,起动机(起动电动机)由发电机供电。　　　　　　　　　（　　）
2. 隔板的主要作用是防止正、负极板短路。　　　　　　　　　　　　　　　　（　　）
3. 在单格电池中正极板比负极极多一片。　　　　　　　　　　　　　　　　　（　　）
4. 放电电流越大,则蓄电池的容量越大。　　　　　　　　　　　　　　　　　（　　）
5. 电解液密度越大,则蓄电池的容量越大。　　　　　　　　　　　　　　　　（　　）
6. 传统蓄电池消耗水的途径是蒸发和水的电解。　　　　　　　　　　　　　　（　　）
7. 配置电解液时,应将蒸馏水缓慢地倒入硫酸中。　　　　　　　　　　　　　（　　）
8. 初充电的特点是充电电流较大,充电时间较短。　　　　　　　　　　　　　（　　）
9. 对蓄电池进行定电流充电时,蓄电池采用并联连接。　　　　　　　　　　　（　　）
10. 对蓄电池进行充电必须用交流电源。　　　　　　　　　　　　　　　　　（　　）
11. 根据蓄电池电解液密度的变化,我们可以判断其放电程度。　　　　　　　（　　）
12. 为了防止蓄电池的接线柱氧化,通常就可在接线柱上涂一层油漆。　　　　（　　）
13. 在蓄电池电解液不足,无蒸馏水时,可暂用自来水代替。　　　　　　　　（　　）
14. 冬季起动发动机,若一次起动不了,则可延长起动时间,直到起动成功。　（　　）
15. 蓄电池自行放电是指蓄电池放置几天后,在无负荷的情况下,储电量自行明显下降,甚至可能会完全无电的现象。　　　　　　　　　　　　　　　　　　　　（　　）
16. 无须维护蓄电池主要是指使用过程中不需要进行充电。　　　　　　　　　（　　）

二、选择题(单项选择题)

1. 蓄电池与发电机两者在汽车上的连接方法是(　　　)。

A. 串联连接　　　B. 并联连接　　　C. 各自独立　　　D. 以上都不对
2. 蓄电池充足电时，正极板上的活性物质是（　　）。
A. 硫酸　　　B. 纯铅　　　C. 二氧化铅　　　D. 硫酸铅
3. 有一蓄电池型号为 6-QA-75，其中 A 表示（　　）。
A. 干式荷电池　　B. 薄型极板　　C. 低温起动性好　　D. 起动型蓄电池
4. 汽车蓄电池在放电时，是将（　　）。
A. 电能转变为化学能　　　　　B. 化学能转变为电能
C. 电能转变为机械能　　　　　D. 机械能转变为电能
5. 在配置蓄电池用电解液时，必须将（　　）。
A. 工业硫酸徐徐倒入蒸馏水中　　　B. 纯净的化学硫酸徐徐倒入自来水中
C. 蒸馏水徐徐倒入纯净的化学硫酸中　D. 纯净的化学硫酸徐徐倒入蒸馏水中
6. 蓄电池电解液的液面应高出极板（　　）。
A. 5～10 mm　　B. 10～15 mm　　C. 15～20 mm　　D. 20～25 mm
7. 电解液液面高度低于规定标准时，应补充（　　）。
A. 电解液　　　B. 稀硫酸　　　C. 蒸馏水　　　D. 自来水

发电机

一、判断题（对的打"√"，错的打"×"）

1. 充电指示灯亮表示起动蓄电池处于放电状态。　　　　　　　　　　　　（　　）
2. 发电机严禁采用短接接柱试火的方法检查故障。　　　　　　　　　　　（　　）
3. 交流发电机的中性点是没有电压的。　　　　　　　　　　　　　　　　（　　）
4. 电压调节器是通过改变交流电机的励磁电流来实现电压调节的。　　　　（　　）
5. 内外搭铁式的电压调节器在使用中可以互换。　　　　　　　　　　　　（　　）
6. 目前车用的交流发电机大部分是无刷式的交流电机。　　　　　　　　　（　　）
7. 发电机就车检查包括检查不带负载的充电电路和带负载的充电电路。　　（　　）
8. 发电机运转时，充电指示灯亮，说明充电正常。　　　　　　　　　　　（　　）
9. 硅整流器中每个二极管在一个周期的连续导通时间为 1/2 周期。　　　　（　　）
10. 汽车刚起动时，硅整流发电机是他励，随后一直是自励。　　　　　　（　　）

二、选择题（单项选择题）

1. 交流发电机的输出电压 U 是相电压 $U_。$ 的（　　）倍。
A. 1　　　B. 2　　　C. 3　　　D. 4
2. 十一管整流的交流发电机有（　　）个负二极管。
A. 3　　　B. 6　　　C. 9
3. 交流发电机的励磁方式是（　　）。
A. 他励　　　B. 自励　　　C. 他励和自励

4. 电压调节器是通过控制交流发电机的( )来实现电压调节的。
   A. 转速　　　　　B. 励磁电流　　　C. 整流二极管
5. 从交流发电机在汽车上的实际功用来说,它是汽车上的( )。
   A. 主要电源　　　B. 次要电源　　　C. 充电电源　　　D. 照明电源
6. 交流发电机中产生磁场的元件是( )。
   A. 定子　　　　　B. 转子　　　　　C. 整流器　　　　D. 端盖
7. 发电机后端盖装有两个碳刷架,用两个螺旋形弹簧压住碳刷,使其能可靠接触转子上的两个( )。
   A. 接柱　　　　　B. 滑环　　　　　C. 轴头　　　　　D. 轴承
8. 从电刷引出的两个接线柱,分别是F和E,它们被固定在后端盖上,与后端盖的绝缘情况是( )。
   A. 接线柱F与后端盖绝缘,接线柱E与后端盖不绝缘
   B. 接线柱F与后端盖不绝缘,接线柱E与后端盖绝缘
   C. 两接线柱E和F与后端盖都绝缘
   D. 两接线柱E和F与后端盖都不绝缘
9. 交流发电机采用的整流电路是( )。
   A. 单相半波　　　B. 单相桥式　　　C. 三相半波　　　D. 三相桥式
10. 改变交流发电机输出电压大小的部件是( )。
    A. 硅二极管　　　B. 转子　　　　　C. 定子　　　　　D. 调节器
11. 汽车上的交流发电机配装了调节器后,具有( )。
    A. 限制自身最大输出电流的性能
    B. 限制自身最大输出电压的性能
    C. 同时限制最大输出电流和最大输出电压的性能
    D. 控制励磁电流保持恒定不变的性能
12. 发电机正常工作后,其充电指示灯熄灭,这时灯两端应( )。
    A. 电压相等　　　B. 电位相等　　　C. 电位差相等　　D. 电动势相等
13. 发电机转子绕组断路、短路可通过万用表检查。若转子绕组良好,则电阻值必定符合规定;若转子绕组短路,则电阻值比规定值( )。
    A. 小　　　　　　B. 大　　　　　　C. 略小　　　　　D. 略大

项目二

起动系统

学习目标

1. 掌握起动机的结构和工作原理。
2. 掌握起动机的使用、维护及故障原因判断的知识。
3. 掌握汽车起动系统电路原理图。

任务要求

1. 能描述起动机的结构和工作原理。
2. 能完成起动机的使用、维护及故障原因判断的工作。
3. 会识读汽车起动系统电路原理图。

任务一　汽车起动机

一、起动机的作用、组成和类型

1. 起动机的作用

汽车起动机的作用是将蓄电池提供的电能转换为机械能，图 2-1-1 所示为起动机在发动机上的安装。发动机起动时，起动机产生转动力矩，驱动发动机的曲轴转动而完成发动机工作所需的工作循环。起动完成后，发动机进入自动工作状态。

2. 起动机的组成

起动机由直流电动机、传动机构和控

图 2-1-1　起动机在发动机上的安装

制机构三部分组成，如图 2-1-2 所示。

直流电动机：将蓄电池输入的电能转换为机械能，产生电磁转矩。

传动机构：由单向离合器、驱动齿轮、拨叉等组成。其作用是在起动发动机时使驱动齿轮与飞轮齿圈啮合，将起动机的转矩传递给发动机曲轴；在发动机起动后又能使驱动齿轮与飞轮自动脱离，在它们脱离过程中，当发动机飞轮反拖驱动齿轮时，单向离合器使其形成空转，避免了飞轮带动起动机轴旋转。

控制机构：主要指起动机的电磁开关。其作用是接通或断开电动机与蓄电池之间的电路。

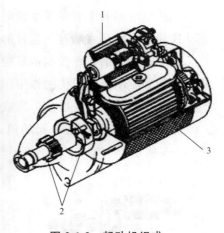

图 2-1-2 起动机组成

1—控制机构（电磁开关）；2—传动机构；3—直流电动机

3. 起动机的类型

在汽车起动机工作过程中，电动机产生的力矩通过传动机构的啮合齿轮与飞轮齿圈的啮合，实现转矩的传递。

根据起动机的传动机构类型的不同，起动机可分为三种类型。

1）惯性啮合式传动机构起动机

当接通点火开关起动发动机时，驱动齿轮靠惯性力的作用，沿电枢轴移动与飞轮啮合，使发动机起动。这种形式的起动机工作可靠性差，现较少使用。

2）强制啮合式传动机构起动机

当接通点火开关起动发动机时，驱动齿轮靠杠杆机构的作用沿电枢轴移出并与飞轮环齿啮合，使发动机起动。这种形式的起动得到广泛应用，是汽车起动机的主流产品。强制啮合式传动机构起动机又分为直接操纵式起动机和电磁操纵式起动机。强制啮合式起动机基本结构如图 2-1-3 所示。

3）电枢移动式啮合机构起动机

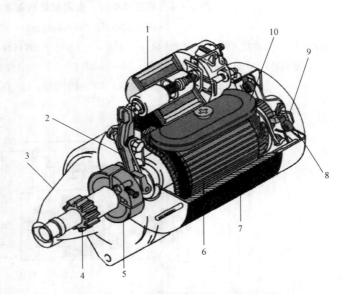

图 2-1-3 强制啮合式起动机基本结构

1—电磁开关；2—拨叉；3—驱动机构外壳；4—驱动齿轮；5—起动机离合器；6—电枢；7—外壳；8—电刷弹簧；9—电刷；10—励磁线圈

当接通起动开关起动发动机时，在磁极磁力的作用下，整个电枢连同驱动齿轮移动，驱动齿轮与飞轮环齿啮合。这种形式的起动机结构复杂，维修不便，较少采用。

车用起动机的工作控制依靠控制机构（电磁开关）完成起动机工作电路的接通和断开，同时也起到驱动传动机构的作用。如今广泛使用的为电磁式强制啮合型起动机。这种形式的起动机使用电磁开关控制，完成起动过程。

除此之外，还有减速起动机、永磁起动机、减速永磁起动机，其结构如图2-1-4、图2-1-5所示。

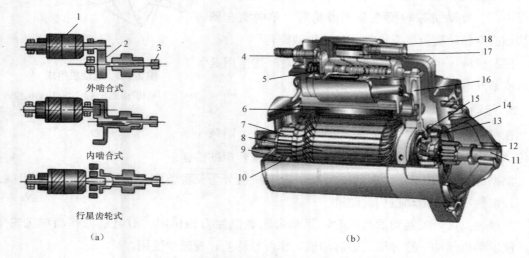

图 2-1-4 减速起动机、永磁起动机基本结构

(a)减速起动机；(b)永磁起动机

1—电动机；2—齿轮减速器；3—驱动齿轮；4—触点；5—电磁开关接触盘；6—磁极；7—换向器；8—电枢；9—电刷架；10—电刷；11—止推垫圈；12—驱动齿轮；13—啮合弹簧；14—滚柱式单向离合器；15—导环；16—传动叉；17—吸引线圈；18—保持线圈

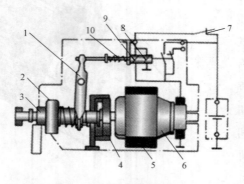

图 2-1-5 减速永磁起动机基本结构

1—传动叉；2—单向离合器；3—驱动齿轮；4—行星齿轮减速器；5—磁极；6—电枢；7—起动开关；8—保持线圈；9—吸引线圈；10—复位弹簧

二、直流电动机的结构

直流电动机的功用:将蓄电池输入的电能转换为机械能,产生起动发动机的电磁转矩。直流电动机由电枢(转子)、磁极(定子)、换向器、电刷及电刷架等主要部件构成。

1. 电枢

电枢主要由电枢轴、电枢绕组、铁芯和换向器组成。直流电动机电枢结构如图 2-1-6 所示,它的作用是产生电磁转矩。电枢铁芯由硅钢片叠压而成,内以花键固定在电枢轴上。铁芯槽内嵌电枢绕组,为了获得较大的电磁转矩,流经电枢绕组的电流就很大(一般汽油发动机为 200~600 A,柴油发动机可达 1 000 A),因此,电枢绕组都用较粗的矩形裸铜线制成。

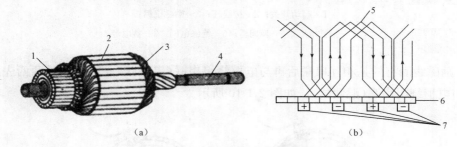

图 2-1-6　直流电动机电枢结构

(a)电枢结构;(b)电枢绕组展开

1—换向器;2—铁芯;3—电枢绕组;4—电枢轴;5—展开的电枢绕组;6—换向器;7—电刷

2. 磁极

磁极由固定在机壳内的磁极铁芯和磁场绕组线圈组成,如图 2-1-7 所示。

磁极一般是 4 个,两对磁极相对交错安装在电动机的壳体内,磁极与电枢铁芯形成的磁通回路如图 2-1-8 所示,低碳钢板制成的机壳也是磁路的一部分。

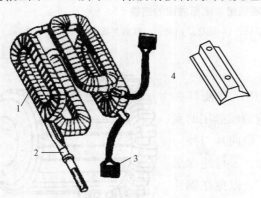 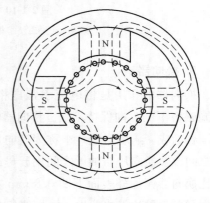

图 2-1-7　直流电动机磁极　　　　图 2-1-8　直流电动机磁通回路

1—磁场绕组;2—接线柱;3—绝缘电刷;4—磁极铁芯

电动机内部线路连接如图 2-1-9 所示。励磁绕组一端接在外壳的绝缘接线柱上，另一端与两个非搭铁电刷连接。

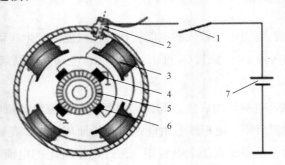

图 2-1-9　电动机内部线路连接

1—起动开关；2—接线柱；3—励磁绕组；
4—搭铁电刷；5—换向器；6—绝缘电刷；7—蓄电池

4 个励磁线圈有的是相互串联后再与电枢绕组串联（串联式），有的则是两两先串联后并联再与电枢绕组串联（混联式），如图 2-1-10 所示。

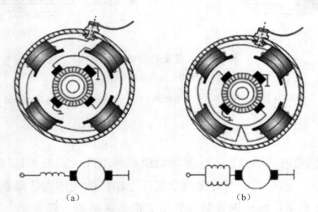

图 2-1-10　励磁绕组与电枢绕组的连接

(a) 4 个励磁绕组相互串联；(b) 励磁绕组两两串联后并联

3. 换向器

换向器的作用是将电流引入电枢绕组，并使其在不同磁极下的方向保持不变。换向器由截面成燕尾的铜片围合而成。燕尾形铜片被称为换向片，换向片与换向片之间以及换向片与轴承之间用云母绝缘。云母绝缘层应比换向器铜片外表面下凹 0.8 mm 左右，以免在铜片磨损时，云母片很快凸出。电枢绕组各线圈的端头均被焊接在换向器的铜片上。换向器结构如图 2-1-11 所示。

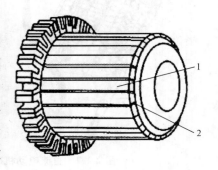

图 2-1-11　换向器结构

1—铜片；2—云母片

4. 电刷及电刷架

电刷架一般为框式结构，其中绝缘电刷架通过绝缘垫被固定在端盖上，搭铁电刷架与端盖直接相连并搭铁。电刷被置于电刷架中，电刷由铜粉与石墨粉压制而成，呈棕黑色。电刷架上有较强弹性的盘形弹簧。电刷及电刷架结构如图 2-1-12 所示。

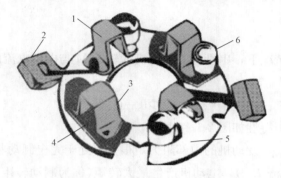

图 2-1-12　电刷及电刷架结构

1—搭铁电刷架；2—电刷；3—绝缘电刷架；4—绝缘垫；5—座板；6—弹簧

三、直流电动机的工作原理及工作特性

1. 直流电动机的工作原理

直流电动机是根据载流导体在磁场中受到电磁力作用而发生运动的原理工作的。图 2-1-13(a) 所示为直流电动机的工作原理。根据左手定则判定 ab、cd 两边均受电磁力的作用，由此产生按逆时针方向旋转的电磁转矩 M 使电枢转动，其换向方法如图 2-1-13(b) 所示。实际的电枢上有很多线圈，换向器铜片也有相应的对数。

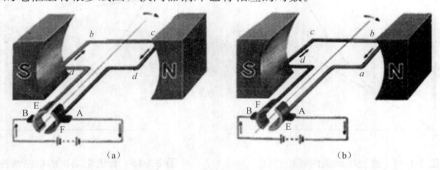

图 2-1-13　直流电动机的工作原理

(a) 线圈初始位置；(b) 线圈沿轴线旋转 180°

直流电动机通电后所产生的电磁转矩 M 与磁极的磁通量 Φ 及电枢电流 I_S 之间的关系为

$$M = C_m \Phi I_S$$

式中 C_m——电动机的转矩常数,与电动机的结构有关。

2. 直流电动机的工作特性

工作特性曲线:电动机的转矩、转速、功率与电流的关系为电动机的工作特性曲线。

串励直流电动机的特点是起动转矩大,机械特性软(电枢转速随其负载的增大而降低,随负载的减小而上升)。

1)转矩特性

在磁路未饱和的情况下,串励直流电动机的转矩 M 与电枢电流的平方 I_S^2 成正比,其关系式为

$$M = C_m \Phi I_S = C_1 C_m I_S^2$$

直流电动机的转矩特性如图 2-1-14 所示。

在发动机起动瞬间,发动机的内部阻力矩很大,处于完全制动状态。由于电枢电流达到最大值(称为制动电流 I_{max}),电动机产生最大转矩(称为制动转矩),足以克服发动机的阻力矩使发动机起动,所以汽车起动机采用串励式电动机。

2)机械特性

串励直流电动机转速 n 与电枢电流 I_S 的关系式为

$$n = \frac{U - I_S(R_S + R_j)}{C_1 \Phi}$$

串励电动机在磁极未饱和时,由于 Φ 不为常数,当 I_S 增加,即电磁转矩增大时,Φ 与 $I_S(R_S + R_j)$ 同时随之增加,所以电枢转速 n 随 $I_S(M)$ 的增大下降较快,其具有较软的机械特性,如图 2-1-15 所示。

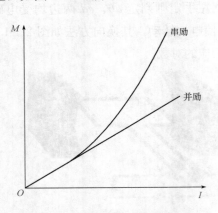

图 2-1-14 直流电动机的转矩特性

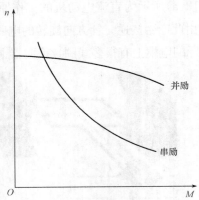

图 2-1-15 直流电动机的机械特性

3)功率特性

起动机功率由电动机电枢转矩 M 和电枢的转速 n 确定,即

$$P = \frac{Mn}{9\,550}$$

我们可以看出，在完全制动（$n=0$）和空转（$M=0$）两种情况下，起动机的功率都等于 0。因为起动机工作时间很短，可以允许在最大功率下工作，所以我们把起动机的最大输出功率称为起动机的额定功率。直流串励式电动机的功率、转矩、转速特性完全可以表述起动机的工作特性。图 2-1-16 所示为直流电动机的工作特性曲线，我们可以看出：

(1)当完全制动时（相当于起动机刚接通的瞬间），$n=0$，电枢电流最大，转矩也达到最大值，但输出功率为 0。

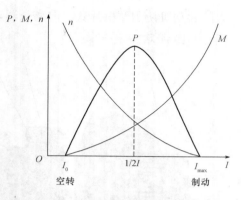

图 2-1-16　直流电动机的工作特性曲线

(2)起动机在空转时电流最小（称为空载电流 I_0），转速达到最大值（称为空载转速），输出功率也为 0。

(3)在电流接近制动电流的一半时，起动机功率最大，我们将其最大功率作为额定功率。

影响起动机功率的主要因素有以下几点：

(1)蓄电池容量。蓄电池容量越小，其内阻越大，放电时产生的电压降越大，因而供给起动机的电压降低，起动机输出的功率减小。

(2)环境温度。当温度降低时，由于蓄电池电解液密度增大，内阻增大，蓄电池容量和端电压会急剧下降，起动机功率会显著下降。

(3)接触电阻和导线电阻。电刷与换向器接触不良、电刷压簧弹力下降、电刷过短以及导线与蓄电池接线柱接触不良，都会使工作线路电阻增加；导线过长以及导线横截面积过小也会造成较大的电压降，由于起动机工作电流特别大，这些都会使起动机功率减小。

四、传动机构

1. 传动机构的功用与类型

传动机构指使起动机的驱动齿轮和发动机的飞轮齿环啮合传动及分离的机构。传动机构由驱动齿轮、单向离合器、拨叉、啮合弹簧等组成，它被安装在转子轴的花键部分。

传动机构的作用：起动时，使起动机的驱动齿轮与发动机的飞轮齿环啮合，将电动机产生的转矩传递给飞轮；起动后，自动切断动力传递，防止电动机被发动机带动超速运转而遭到损坏。

传动机构按结构不同有三种类型：滚柱式单向离合器、摩擦片式单向离合器、弹簧式单向离合器。

由于滚柱式单向离合器的传递功率较小，适合于中小型汽车起动使用的起动机，故中小型功率较小的起动机多数采用滚柱式单向离合器，其结构如图 2-1-17 所示。传递功率较大的起动机使用摩擦片式单向离合器，其结构如图 2-1-18 所示。弹簧式单向离合器结构如图 2-1-19 所示。

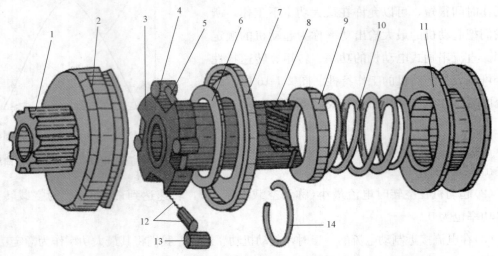

图 2-1-17　滚柱式单向离合器结构

1—驱动齿轮；2—外壳；3—十字块；4—滚柱；5，12—压帽弹簧；6—垫圈；
7—护盖；8—传动套筒；9—弹簧座；10—啮合弹簧；11—拨环；13—滚柱；14—卡簧

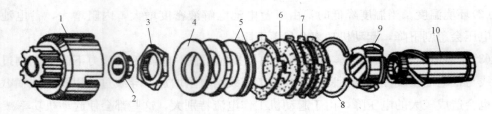

图 2-1-18　摩擦片式单向离合器结构

1—驱动齿轮套筒；2—止推套筒；3—调整螺母；4—弹性圈；5—调整垫片；
6—主动片；7—从动片；8—卡簧；9—内接合鼓；10—螺旋传动套筒

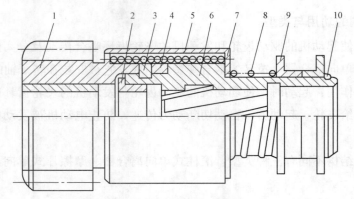

图 2-1-19　弹簧式单向离合器结构

1—驱动齿轮；2—挡圈；3—月形键；4—扭力弹簧；5—护圈；
6—传动套筒；7—垫圈；8—缓冲弹簧；9—移动衬套；10—卡簧

2. 滚柱式单向离合器工作原理

起动发动机时，在电磁力的作用下，传动拨叉使移动衬套沿电枢轴轴向移动，从而压缩缓冲弹簧。在弹簧张力的作用下，离合器总成与起动小齿轮沿电枢轴轴向移动，实现起动小齿轮与发动机飞轮的啮合。与此同时，控制装置接通起动机主电路，起动机输出强大的电磁转矩。转矩由传动套筒传至十字块，十字块与电枢轴一同转动。此时，由于飞轮齿圈瞬间制动，滚柱在摩擦力的作用下，滚入楔形槽的窄端而卡死，于是起动小齿轮和传动套筒成为一体，带动飞轮起动发动机，如图 2-1-20 所示。

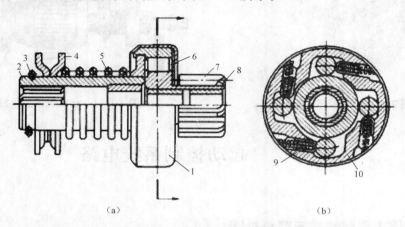

图 2-1-20　滚柱式单向离合器工作原理

1—外壳；2—传动套筒；3—卡圈；4—拨环；5, 9—弹簧；
6—滚柱；7—驱动齿轮；8—铜衬套；10—十字块

起动发动机后，由于飞轮齿环带动驱动齿轮高速旋转，且其转速比电枢轴转速高得多，驱动齿轮尾部的摩擦力带动滚柱克服弹簧张力，使滚柱滚向楔形槽较宽的一端，于是滚柱在驱动齿轮尾部与外座圈间发生滑动摩擦，发动机动力不能传给电枢轴起到分离作用，电枢轴只能按自身的转速空转，避免发生电枢超速飞散的危险。

此种离合器构造简单，工作可靠，接合时为刚性，不能承受大的冲击动力，传递大扭矩会因滚柱卡死而失效，适用于额定功率在 1.47 kW 以下的小型起动机。

五、控制机构

控制机构的作用是控制驱动齿轮与飞轮齿圈的啮合与分离，同时控制电动机电路的接通与切断。

在现代汽车上，起动机的控制机构均采用电磁式控制装置，电磁开关外形如图 2-1-21 所示。

电磁开关主要由吸引线圈、保持线圈、复位弹簧、活动铁芯、接触片等组成。其中，电磁开关上的端子 30 接蓄电池正极；端子 C 接起动机电源正极；端子 50 接起动机控制电路。起动机系统电路如图 2-1-22 所示。

图 2-1-21　电磁开关外形

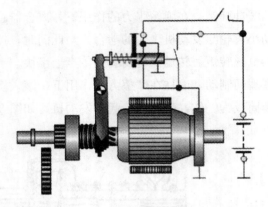

图 2-1-22　起动机系统电路

任务二　起动控制系统电路

一、直接控制起动控制系统电路

直接控制起动控制系统电路由点火开关或起动开关直接控制起动机电磁开关线圈的通断，因此，通过起动开关的电流就是电磁开关的电流。直接控制起动控制系统电路是起动控制电路的一种简单有效的形式，但在这种控制方式中起动机电磁开关内的电磁线圈电阻不能太小，对起动开关触电要求较高。直接控制起动控制系统电路如图 2-2-1 所示。

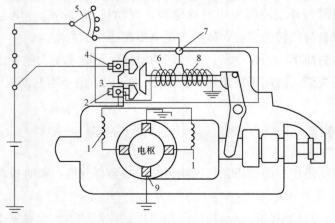

图 2-2-1　直接控制起动控制系统电路

1—励磁线圈；2—端子 C；3—接触盘；4—端子 30；
5—点火开关；6—吸拉线圈；7—端子 50；8—保持线圈；9—电刷

起动机电磁开关中吸引线圈与电动机串联,使电动机在接通起动开关时有一较小的电流,这样就使驱动齿轮在慢慢转动中啮入飞轮齿圈,避免了啮合过程中顶齿现象的发生。

工作过程如下:

当点火开关接至起动挡时,接通吸拉线圈和保持线圈,其电路为蓄电池正极→熔断器→点火开关→接线柱端子50,之后分两路——一路:吸拉线圈→主电路接线柱C→励磁绕组→电枢绕组→搭铁→蓄电池负极;另一路:保位线圈→搭铁→蓄电池负极。

此时,吸拉线圈与保持线圈产生的磁场方向相同,在两线圈电磁吸力的作用下,活动铁芯克服复位弹簧的弹力被吸入。拨叉将起动小齿轮推出使其与飞轮齿圈啮合。

在齿轮啮合后,接触盘将触头接通,蓄电池便向励磁绕组和电枢绕组供电,起动主工作电路接通,电路为蓄电池正极→端子30→接触盘→主电路接线柱C→励磁绕组→电枢绕组→搭铁→蓄电池负极。其产生正常的转矩,带动起动机转动。与此同时,吸拉线圈被短路,齿轮的啮合位置由保持线圈的吸力来保持。

注意:控制机构控制的时序关系是先确保驱动小齿轮与飞轮齿圈啮合,再通过接触盘接通起动系统主电路。

起动发动机后,及时松开点火开关,电磁开关的端子50断电。在复位弹簧弹力作用下,端子C与端子30断开,电动机断电。同时拨叉驱动离合器复位,啮合齿轮与飞轮齿圈分离,完成起动过程。

二、具有起动继电器的起动控制电路

具有起动继电器的控制电路可以有效保护点火开关,解决点火开关触点额定电流较小的问题。具有起动继电器的起动控制电路如图2-2-2所示。

将点火开关旋至起动挡位,给起动继电器线圈通电,继电器控制电路:蓄电池正极→起动机主接线柱(即端子30)→电流表→点火开关起动触点→起动继电器的点火开关接线柱→继电器线圈→搭铁→蓄电池负极。起动继电器触点闭合,接通电磁开关电路。电磁开关的电路:蓄电池正极→起动机主接线柱(即端子30)→起动继电器的蓄电池接线柱→继电器主触点→起动继电器的起动机接线柱→电磁开关接线柱(即端子50)→吸拉线圈→导电片→主接线柱(即端子C)→起动机→搭铁→蓄电池负极;电流:电磁开关接线柱(即端子50)→保持线圈→搭铁→蓄电池负极。两个线圈的电流同方向产生的合成电磁力将活动铁芯吸入,在起动机缓慢转动下,拨叉推出滚柱式离合器,使驱动齿轮柔和地啮入飞轮齿圈。

在齿轮啮合过程中,当活动铁芯推动推杆将其移至极限位置时,齿轮已全部啮合好,接触盘同时将辅助接线柱、主接线柱端子30和端子C相继接通,起动机在短接点火线圈附加电阻的条件下产生起动转矩,将发动机起动。较大的起动电流:蓄电池正极→主接线

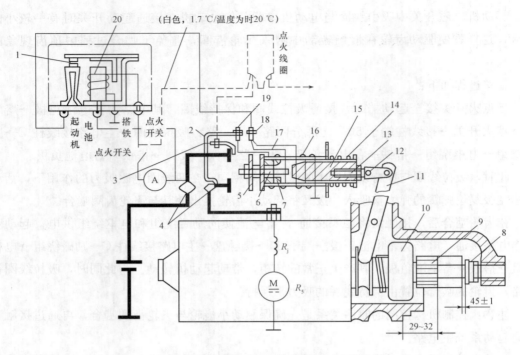

图 2-2-2 具有起动继电器的起动控制电路

1—起动继电器；2—导电片；3—短路附加电阻接线柱；4—主触头；5—接触盘；6—推杆；7—固定铁芯；8—止推螺母；9—驱动齿轮；10—滚柱式单向离合器；11—拨叉；12—连接叉；13—调节螺钉；14—复位弹簧；15—活动铁芯；16—保持线圈；17—吸拉线圈；18—起动机接线柱；19—吸拉线圈接线柱；20—起动继电器线圈

柱（即端子 30）→接触盘→主接线柱（即端子 C）→起动机→搭铁→蓄电池负极。电磁开关闭合后将吸拉线圈短接，齿轮的啮合靠保持线圈产生的电磁力维持在工作位置，此时保持线圈的工作电路为蓄电池正极→起动机主接线柱（即端子 30）→电流表→点火开关起动触点→起动继电器的点火开关接线柱→继电器线圈→搭铁→蓄电池负极。起动继电器触点闭合，接通电磁开关电路。电磁开关的电路：蓄电池正极→起动机主接线柱（即端子 30）→起动继电器的蓄电池接线柱→继电器主触点→起动继电器的起动机接线柱→电磁开关接线柱（即端子 50）→保持线圈→搭铁→蓄电池负极。

当发动机起动后，离合器开始打滑，松开点火开关，钥匙即自动转回到点火挡位，起动继电器线圈断电，触点跳开，使电磁开关两个线圈串联，吸引线圈流过反向电流，加速电磁力的消失，其电路为蓄电池正极→主接线柱（即端子 30）→接触盘→主接线柱（即端子 C）→导电片→吸引线圈→电磁开关接线柱（即端子 50）→保持线圈→搭铁→蓄电池负极。由于电磁开关电磁力迅速消失，活动铁芯和推杆在复位弹簧作用下返回。接触盘先离开主接线柱，触头切断了起动机电源，点火线圈附加电阻随即接入点火系统。最后拨叉将打滑的离合器拨回，驱动齿轮脱离飞轮齿圈，起动机完成起动工作。

三、具有组合继电器的起动控制电路

为了防止发动机起动以后起动电路再次接通而造成离合器啮合齿轮与飞轮的撞击，一些起动电路就安装了带有保护功能的组合式继电器。具有组合继电器的起动控制电路如图 2-2-3 所示。

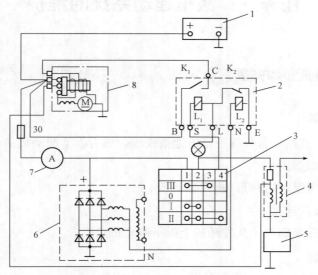

图 2-2-3　具有组合继电器的起动控制电路

1—蓄电池；2—起动组合继电器；3—点火开关；4—点火线圈；
5—点火控制器；6—发电机；7—电流表；8—起动机

这种具有组合继电器的起动控制电路利用交流发动机中性点电压控制组合继电器，具有防止起动继电器再动作和控制充电指示灯的功能。

当点火开关转至起动挡位时，起动继电器电磁铁线圈电路被接通。其电路为蓄电池正极→电流表→点火开关→组合继电器接线柱 S→起动继电器电磁铁线圈→保护继电器触点 K_2→搭铁→蓄电池负极。起动继电器触点 K_1 闭合，起动机电磁开关接线柱（即端子 50）通电，起动机开始工作。

发动机发动时，发电机建立电压，其中性点电压低于 $1/2U_e$，保护继电器的线圈的电磁力不能吸开触点 K_2，起动继电器线圈通过触点 K_2 搭铁，保持工作状态。同时充电指示灯通过保护继电器触点 K_2 搭铁被点亮。

当发动机起动工作后，发电机转速升高，其中性点电压达到 $1/2U_e$。保护继电器电磁线圈的电磁力增高，断开触点 K_2，起动继电器的电磁线圈搭铁回路被切断，起动继电器触点 K_1 断开。端子 50 失电，起动机电磁开关接触盘断开端子 30 与端子 C 的连接，起动机断电停止工作。同时拨叉驱动离合器复位，啮合齿轮与飞轮齿圈分离，完成传动机构复

位过程。

同时，由于保护继电器触点 K_2 的断开，充电指示灯的搭铁回路也被断开，充电指示灯熄灭，指示发电机电路工作正常。

任务三　汽车起动系统的维护

一、起动机的拆卸和安装

1. 起动机的拆卸

拆卸起动机时，我们应首先拆下蓄电池搭铁线，然后拆下起动机的各连接线。发动机舱内按次序要求拆卸起动机。

(1) 拆下端子 30 接线柱螺母，断开端子 30。
(2) 断开端子 50 的连接。
(3) 拆下起动机安装螺栓，从发动机上拆下起动机总成。

2. 起动机的安装

起动机通过安装支架与发动机相连。安装时先将支架套在起动机上，装上垫片、弹簧垫和螺母(M5)，并用力旋紧，然后将支架连同起动机一起装在发动机上。

检查起动机的外壳，查看两个螺栓(M5)是否能在支架槽孔中活动，必要时用锉刀加工，调整起动机到最佳位置，最后以 20 N·m 的力矩拧紧紧固螺母。

二、起动机的分解与组装

起动机结构如图 2-3-1 所示。

1. 起动机的分解

(1) 如图 2-3-2 所示，用扳手旋下电磁开关接线柱 30 及 50 的螺母，取下导线。
(2) 如图 2-3-3 所示，旋下起动机的贯穿螺钉和衬套螺钉，取下衬套座和端盖，取出垫片组件和衬套。
(3) 如图 2-3-4 所示，用尖嘴钳将电刷弹簧抬起，拆下电刷架及电刷。
(4) 如图 2-3-5 所示，取下电枢绕组后，用扳手旋下螺栓，从驱动端盖上取下电磁开关总成。

任务三　汽车起动系统的维护

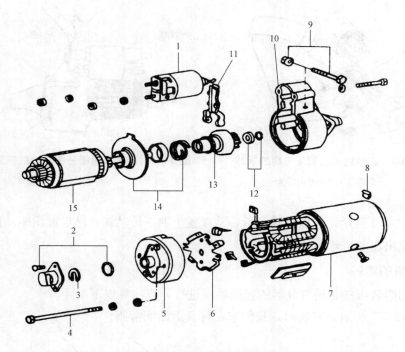

图 2-3-1　起动机结构

1—电磁开关；2—轴承盖和O形密封圈；3—锁片；4—螺栓；5—电刷端盖；
6—电刷架；7—电动机壳体；8—橡胶密封圈；9—移动叉支点螺栓和螺母；10—驱动端盖；
11—传动叉；12—止推热圈与卡环；13—单向离合器；14—中间轴承；15—电枢

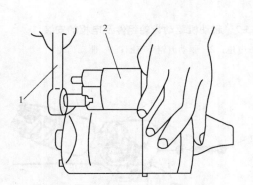

图 2-3-2　起动机导线的拆卸

1—扳手；2—电磁开关

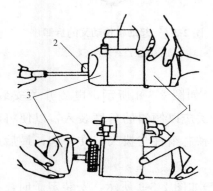

图 2-3-3　起动机衬套座及端盖的拆卸

1—起动机；2—衬套轴；3—端盖

项目二 起动系统

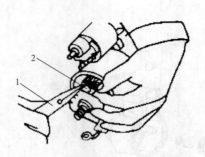 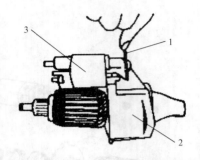

图 2-3-4 起动机电刷架及电刷的拆卸　　　图 2-3-5 起动机电磁开关总成的拆卸

1—尖嘴钳；2—电刷弹簧　　　　　　　　1—扳手；2—驱动端盖；3—电磁开关

(5)如图 2-3-6 所示，在取出转子后，从端盖上取下传动叉，然后取出驱动齿轮与单向离合器，再取出驱动齿轮端衬套。

2. 起动机的组装

起动机的组装可按起动机分解的相反顺序进行，应注意以下事项。

(1)如图 2-3-7 所示，安装时，我们应在衬套上涂润滑脂。

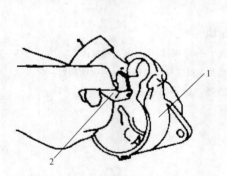 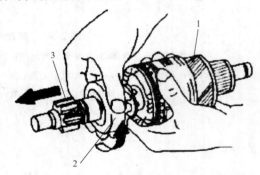

图 2-3-6 起动机传动叉的拆卸　　　图 2-3-7 起动机驱动齿轮组件及电枢的安装

1—端盖；2—传动叉　　　　　　　1—电枢；2—驱动齿轮外座圈；3—驱动齿轮

(2)如图 2-3-8 所示，电磁开关安装时，电磁开关应以倾斜的角度装入，以便将电磁开关的铁芯组件与拨叉装在一起，最后旋上螺栓。

(3)如图 2-3-9 所示，安装定子时，我们应将定子上的标记与驱动端盖的标记对正后装入。

(4)如图 2-3-10 所示，安装电刷及电刷架时，我们应在换向器上装上电刷架，将电刷

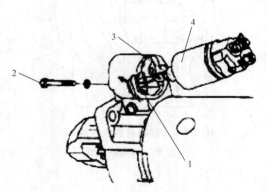

图 2-3-8 电磁开关的安装

1—拨叉；2—传动叉；3—铁芯；4—电磁开关

架装到适当的位置后,然后在电刷架上装上电刷。

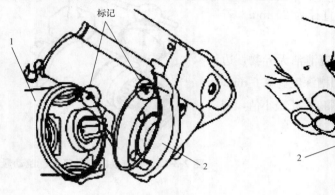
图 2-3-9 定子的安装
1—定子;2—驱动端盖

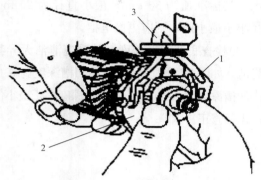
图 2-3-10 安装电刷及电刷架
1—换向器;2—电刷架;3—电刷

三、起动机零件的检修操作方法

以桑塔纳 2000 系列轿车的起动机为例说明起动机零件的检修操作方法。

1. 电枢的检修

用千分表检查起动机电枢轴是否弯曲,如图 2-3-11 所示。若摆差超过 0.1 mm,则应进行校正。若电枢轴上的花键齿槽严重磨损或损坏,则应进行修复或更换。电枢轴轴颈与衬套的配合间隙,不得超过 0.15 mm。若间隙过大,则应更换新套进行铰配。

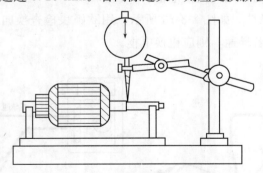
图 2-3-11 检查电枢轴弯曲度

2. 换向器的检修

(1)检查换向器有无脏污和表面烧蚀,若出现此情况,则用 400 号砂纸或车床修整。

(2)检查换向器的径向圆跳动量,如图 2-3-12 所示。将换向器放在 V 形铁上,用百分表测量圆周上径向跳动量,最大允许径向圆跳动量为 0.05 mm。若径向圆跳动量大于规定值,则应在车床上校正。

(3) 用游标卡尺测量换向器的直径，如图 2-3-13 所示。其标准值为 30 mm，最小直径为 29 mm。若直径小于最小值，则应更换电枢。

(4) 检查底部凹槽深度。凹槽应清洁无异物，边缘光滑。如图 2-3-14 所示，标准凹槽深度为 0.6 mm，最小凹槽深度为 0.2 mm。若凹槽深度小于最小值，则用手锯条修正。

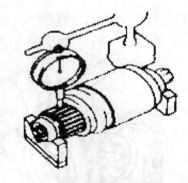

图 2-3-12 检查换向器的径向圆跳动量

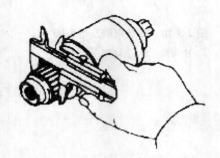

图 2-3-13 检查换向器直径　　　　图 2-3-14 检查换向器底部凹槽深度

3. 电枢绕组的检修

(1) 检查换向器导通性，如图 2-3-15 所示。用欧姆表检查换向片之间的导通性，应导通。若换向片之间不导通，则应更换电枢。

(2) 检查换向器绝缘性，如图 2-3-16 所示。用欧姆表检查换向器与电枢绕组铁芯之间的导通性，应不导通。若导通，则应更换电枢。

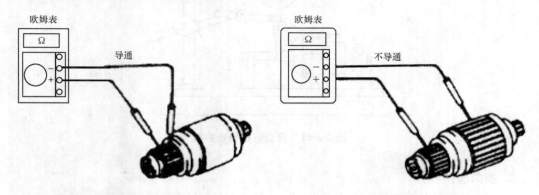

图 2-3-15 检查换向器导通性　　　　图 2-3-16 检查换向器绝缘性

(3) 检查电枢绕组匝间短路，我们可用汽车万能实验台检查，若电枢中有短路，则电枢绕组中将产生感应电流，钢片在交变磁场的作用下在槽上振动，由此可判断电枢绕组中的短路故障。

4. 励磁绕组的检修

（1）检查励磁绕组导通性，如图2-3-17所示。用欧姆表检查引线和磁场绕组电刷引线之间的导通性，应导通，否则，更换磁极框架。

（2）检查磁场绕组绝缘性，如图2-3-18所示。用欧姆表检查磁场绕组末端与磁极框架之间的导通性，应不导通，否则，修理或更换磁极框架。

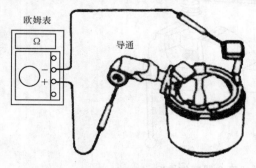

图2-3-17　检查励磁绕组导通性

图2-3-18　检查磁场绕组绝缘性

1—励磁电刷；2—轭铁

5. 电刷弹簧的检修

检查电刷弹簧载荷，如图2-3-19所示，读取电刷弹簧在与电刷分离瞬间的拉力计读数。标准弹簧安装载荷为17～23 N，最小安装载荷为12 N。若安装载荷小于规定值，则应更换电刷弹簧。

6. 电刷架的检修

检查电刷架绝缘情况，如图2-3-20所示。用欧姆表检查电刷架正极（＋）与负极（－）之间的导通性，应不导通，否则，修理或更换电刷架。

图2-3-19　检查电刷弹簧载荷

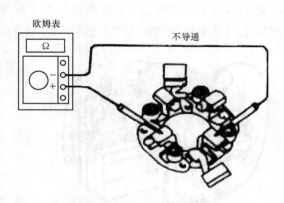

图2-3-20　检查电刷架绝缘情况

7. 离合器和驱动齿轮的检查

检查离合器和驱动齿轮是否严重磨损或损伤。如有损坏，则应进行更换。检查起动机离合器是否打滑或卡滞，如图 2-3-21 所示，将离合器驱动齿轮夹在台虎钳上，在传动套筒中套入传动轴，将扳手接在传动轴上，测得力矩应大于规定值 24～26 N·m，否则说明离合器打滑。反向转动离合器应不卡滞，否则应修理或更换离合器总成。

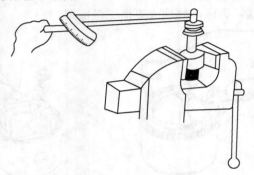

图 2-3-21 检查起动机离合器工作情况

四、起动机的性能试验

1. 空载性能试验

我们应对修复后的起动机的电磁开关和电动机进行性能试验。试验时，先将蓄电池充足电，每项试验应在 3～5 s 内完成，以防线圈被烧坏。

将起动机与蓄电池和电流表（量程为 0～100 A 以上的直流电流表）连接，如图 2-3-22 所示。蓄电池正极与电流表正极连接，电流表负极与起动机端子 30 连接，蓄电池的负极与起动机外壳连接。

如图 2-3-23 所示，用带夹电缆将端子 30 与端子 50 连接起来，此时驱动齿轮应向外伸出，起动机应平稳运转。当蓄电池电压大于或等于 11.5 V 时，消耗电流应不超过 50 A，用转速表测量电枢轴的转速应不低于 5 000 r/min。

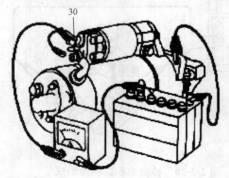

图 2-3-22 起动机的空载性能试验

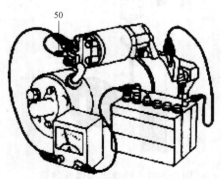

图 2-3-23 接通 50 端子进行试验

如果电流大于50 A或转速低于5 000 r/min,则说明起动机装配过紧或电枢绕组和磁场绕组有短路或搭铁故障。如果电流和转速都低于标准值,则说明电动机电路接触不良,如电刷与换向器接触不良或电刷弹簧弹力不足等。

2. 电磁开关试验

(1)吸拉动作试验。将起动机固定到台虎钳上,拆下起动机端子C上的磁场绕组电缆引线端子,用带夹电缆将起动机C端子和电磁开关壳体与蓄电池负极连接,并用带夹电缆将起动机端子50与蓄电池正极连接,如图2-3-24所示,此时驱动齿轮应向外移动。如驱动齿轮不动,则说明电磁开关有故障,应予修理或更换。

(2)保持动作试验。在吸拉动作试验基础上,当驱动齿轮保持在伸出位置时,拆下电磁开关端子C上的电缆夹,如图2-3-25所示,此时驱动齿轮应保持在伸出位置不动。如驱动齿轮回位,则说明保持线圈断路,应予修理。

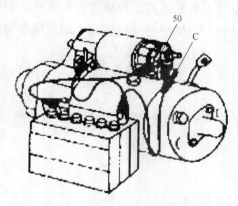

图 2-3-24 吸拉动作试验线路

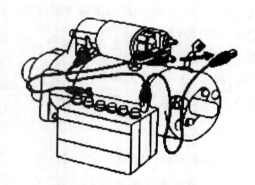

图 2-3-25 保持动作试验线路

(3)回位动作试验。在保持动作试验的基础上,拆下起动机壳体上的电缆夹,如图2-3-26所示,此时驱动齿轮应迅速回位。如驱动齿轮不能回位,则说明复位弹簧失效,应更换弹簧或电磁开关总成。

3. 全制动试验

全制动试验又被称为负载试验,是在空载性能试验通过后,通过测量起动机在全制动时的电流和转矩来检验起动机的性能良好与否,试验方法如图2-3-27所示。将起动机夹持在试验台上,接通起动机电路,观察单向离合器是否打滑,并迅速记下电流表、电压表及弹簧秤的读数,其全制动电流和制动转矩应符合规定值。

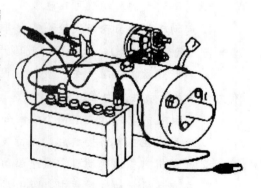

图 2-3-26 回位动作试验线路

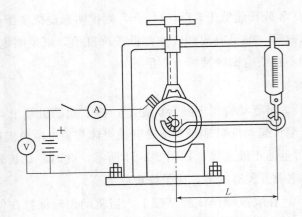

图 2-3-27 起动机的全制动试验

如果电流大而转矩小,则表明磁场绕组或电枢绕组有短路或搭铁故障;如果转矩和电流都小,则表明起动机内接触电阻过大;若试验过程中电枢轴有缓慢转动,则说明单向离合器有打滑现象。

练习

起动机

一、判断题(对的打"√",错的打"×")

1. 直流串激式电动机中"串激"的含义是四个励磁绕组串联。 （ ）
2. 直流串激式电动机在重载时转速低而转矩大的特性,可保证起动安全可靠。 （ ）
3. 功率较大的起动机可在轻载或空载下运行。 （ ）
4. 起动机驱动齿轮与飞轮不啮合并有撞击声,这是起动机开关闭合过晚的缘故(驱动齿轮与飞轮还未啮合),此时起动机已开始转动。 （ ）
5. 判断起动机电磁开关中吸拉线圈和保持线圈是否已损坏,应以通电情况下其能否有力地吸动活动铁芯为准。 （ ）
6. 起动机的电磁开关中两个线圈分别是保持线圈和吸引线圈。 （ ）
7. 起动机在主电路接通后,保持线圈被短路。 （ ）
8. 起动机有普通起动机和减速起动机两种类型。 （ ）
9. 在起动机起动的过程中,吸引线圈和保持线圈中一直有电流通过。 （ ）
10. 在起动发动机时,蓄电池为起动机供电。 （ ）
11. 起动机换向器的作用是将直流电变成交流电。 （ ）

二、选择题(单项选择题)

1. 为了获得足够的转矩,通过电枢绕组的电流就很大,一般汽油机的起动电流为( )。

    A. 20～60 A   B. 10～20 A   C. 200～600 A   D. 2 000～6 000 A

2. 起动机在起动瞬间，( )。

    A. 转速最大   B. 转矩最大   C. 反电动势最大   D. 功率最大

3. 起动机在汽车的起动过程中是( )。

    A. 先接通起动电源，然后让起动机驱动齿轮与发动机飞轮齿圈正确啮合

    B. 先让起动机驱动齿轮与发动机飞轮齿圈正确啮合，然后接通起动电源

    C. 在接通起动电源的同时，让起动机驱动齿轮与发动机飞轮齿圈正确啮合

    D. 以上都不对

4. 当起动继电器线圈通过电流时，铁芯被磁化而吸闭触点，致使吸引线圈和保持线圈之间的电路被( )。

    A. 断开   B. 接通   C. 隔离   D. 以上都不对

5. 起动机碳刷的高度如不符合要求，则应予以更换。一般碳刷高度不应低于标准高度的( )。

    A. 1/2   B. 2/3   C. 1/4   D. 1/5

6. 空载性能试验的持续时间不能超过( )。

    A. 5 s   B. 10 s   C. 1 min   D. 5 min

7. 发动机起动运转无力，其主要原因在( )。

    A. 蓄电池与起动机   B. 起动机与点火系统

    C. 蓄电池与供油系统   D. 蓄电池与点火系统

8. 下列关于起动机作用说法正确的是( )。

    A. 起动机将机械能转换为化学能   B. 起动机将热能转换为电能

    C. 起动机将电能转化为机械能   D. 起动机将机械能转化为电能

9. 下列不属于起动机无法起动的故障原因是( )。

    A. 点火正时不准   B. 电磁开关故障   C. 蓄电池亏电   D. 继电器故障

10. 检测起动机换向器径向跳动值时，需使用的工具是( )。

    A. 千分尺   B. 百分表   C. 游标卡尺   D. 万用表

11. 起动机检查不包含以下哪项？( )。

    A. 电磁开关   B. 换向器   C. 电刷架   D. 整流器

点火系统

学习目标

1. 了解点火系统的作用及类型。
2. 了解传统点火系统的组成、部件结构和工作原理。
3. 理解电子点火系统的组成、部件结构和工作原理。

任务要求

1. 能够拆装、检测与诊断点火系统各主要部件。
2. 能够分析点火系统控制电路。
3. 能够根据接线图连接点火系统电路。
4. 能够诊断、排除点火系统的简单故障。

任务一　传统点火系统

一、点火系统的功用与类型

1. 点火系统的功用

汽油发动机工作时，混合气的燃烧是通过火花塞点火控制的。点火系统的作用就是根据发动机的工作状态，按照发动机的工作顺序，在合适的时刻供给火花塞足够能量的高压电，使其电极间产生火花，确保其能点燃混合气，使发动机做功。点火系统是汽油发动机各系统中故障率最高的系统。

点火系统的技术状况不仅严重影响发动机的动力性、经济性和排放性，还决定发动机能否正常工作。汽车点火系统经历了磁电机点火系统、蓄电池点火系统、电子点火系统和当今被广泛使用的计算机控制点火系统的发展历程。

2. 点火系统的类型

1）按电能的来源分类

点火系统分为磁电机点火系统、蓄电池点火系统。

（1）磁电机点火系统。磁电机点火系统是一种应用较早的点火系统。磁电机大多采用旋转磁铁式结构，按总体设计可分为单体式和飞轮式。单体式是将部分部件做成一个整体，安装在内燃机上；飞轮式是将磁铁安装在内燃机飞轮上，将其他各部件分别安装在内燃机上，大多用于单缸机。图 3-1-1 所示为摩托车的 CDI 系统，它是一种改进型的磁电机点火系统。其使用磁电机提供点火电压，点火器采用电容式点火系统。

 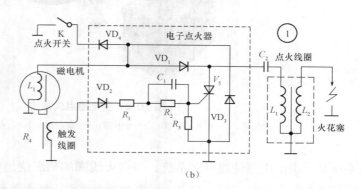

(a) (b)

图 3-1-1　摩托车的 CDI 系统

(a)实物图；(b)电路图

CDI 是电容二极管点火的简称，CDI 系统最初被用于摩托车赛车的高速发动机上。由于老式铂金触点触发系统的机械构造，在触点开闭次数到了每分钟万次以上时，即使再提高发动机转速，点火系统也不能为发动机提供可靠的点火电压，解决的途径是用电子开关来代替铂金触点。

摩托车磁电机给电容器充上较高电压，然后通过电子开关让点火线圈瞬时急剧放电，由于点火线圈次级电压取决于磁场的变化率，所以电容器急剧地放电可以提高点火线圈的次级感应电压。随着 CDI 系统的应用，人们发现电子点火器不但使摩托车在恶劣条件下易于起动，而且有助于形成比较干净的燃烧过程、达到废气排放标准、降低耗油量以及能长时间可靠工作。正因为这样，现代摩托车大多采用 CDI 系统。

（2）蓄电池点火系统。蓄电池点火系统的主要元件：蓄电池、点火线圈、分电器、电容器、火花塞、点火高压线等。图 3-1-2 所示为蓄电池点火系统。

2）按储能方式的不同分类

点火系统分为电感储能点火系统、电容储能点火系统。

（1）电感储能点火系统。电感储能点火系统的点火能量以磁场形式储存在点火线圈中。点火线圈是电能磁能的转换元件，是点火能量的存储元件，也是电压提升元件。蓄电池点

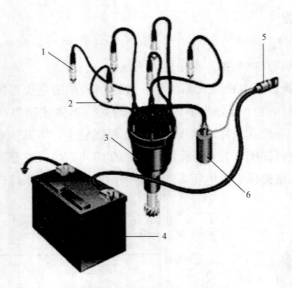

图 3-1-2　蓄电池点火系统
1—火花塞；2—点火高压线；3—分电器；4—蓄电池；5—点火开关；6—点火线圈

火系统是典型的电感储能点火系统。当点火线圈的初级绕组由于断电器触点闭合通电时，电流转换为磁场能量存储。当点火线圈初级电流由于断电器触点断开消失时，磁场发生变化并在次级线圈产生高电压。图 3-1-3 所示为点火电路及点火线圈的储能作用。汽油机在运行时带动断电器凸轮转动，使断电器不断闭合与断开。在触点闭合时，蓄电池提供电流，电流从蓄电池正极经点火线圈的一次绕阻、断电器触电，返回到蓄电池负极。电流流经点火线圈的一次绕阻时，铁芯中产生一个储能用的强磁场，当断电器触点被顶开时，一次电流迅速衰减以至消失，铁芯中的磁通随之减小，而在二次绕阻中感应出点火所需的高电压。这一电压由高压线输送到分电器，再由分电器输送到各个相应的火花塞上，产生电火花。

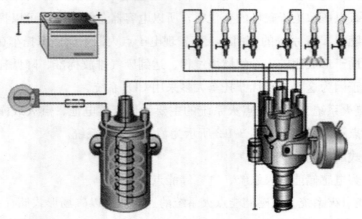

图 3-1-3　点火电路及点火线圈的储能作用

(2)电容储能点火系统。电容储能点火系统的点火能量以电场的形式存储在专门的储能电容器中。电容器是点火能量的存储元件,点火线圈是电压提升元件。电容储能点火系统的基本组成如图 3-1-4 所示。

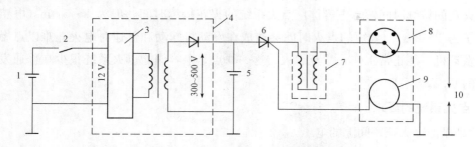

图 3-1-4　电容储能点火系统的基本组成

1—蓄电池;2—点火开关;3—振荡器;4—直流升压器;5—储能电容;
6—晶闸管;7—点火线圈;8—分电器;9—触发器;10—火花塞

直流升压器 4 由振荡器、变压器、整流器三部分组成,它将电源的低压直流电转变成 400 V 左右的直流电。其中,振荡器将电源提供的 12 V 的直流电转变成交流电;变压器将振荡器产生的低压交流电升压为 300~500 V 的交流电;整流器将变压器输出的交流电变为 400 V 左右的直流电,并向储能电容充电。

储能电容 5 的作用是储存点火能量,并在需要点火时向点火线圈初级绕组放电,使点火线圈次级产生高压。晶闸管 6 的作用是在非点火时间内,隔断储能电容与点火线圈的连接,以使直流升压器迅速将电容充足;在点火触发信号输入时,则迅速导通,让储能电容及时向点火线圈初级绕组放电,使点火线圈次级产生高压。

晶闸管触发电路的作用是根据点火信号发生器的点火信号产生触发脉冲,使晶闸管迅速导通,而在非点火时间内,则保持晶闸管的控制极为零电位或负电位。

与电感储能点火系统相比,电容储能点火系统具有如下特点:

①最高次级电压稳定。储能电容的充电电压高,充足电时间极短,晶闸管的导通速率极高,因此,次级电压几乎不受发动机转速的影响。这一特性使得电容储能点火系统特别适用于高速发动机。

②对火花塞积炭不敏感。次级电压上升速率高,上升时间一般为 3~20 μs,因此,次级回路有漏电对最高次级电压影响较小。也就是说,电容储能点火系统对火花塞积炭不敏感,在火花塞有积炭、高压回路有漏电(不很严重)的情况下,仍能保持良好的点火性能。

③点火线圈的工作温度低。由于电容储能点火系统只是在点火的瞬间有较大的电流通过点火线圈,而在其他的时间内点火线圈不通电流,所以,点火线圈的平均电流小、工作温度低、使用寿命长。

④低速时点火系统能耗低。电容储能点火系统的电能消耗随发动机转速的增加而增

加,在发动机怠速时电能消耗最少。这一特点对蓄电池极为有利,因为在发动机怠速时,其往往需要蓄电池提供点火所需的电能。

⑤能量损失小。整个储能过程能量损失小,点火线圈的能量转换效率高。

⑥火花的持续时间短。电容储能点火系统的火花持续时间一般为1~50 ms(电感储能点火系统为1~2 s)。太短的点火时间会造成在发动机起动和低速时电火花难以点燃混合气,使发动机不能正常工作,甚至熄火。这一缺点是电容储能点火系统很少在普通发动机上使用的原因。

3. 点火系统的要求

(1)足以击穿火花塞间隙的电压。

在火花塞电极间加上高电压后,电极间的气体便发生电离现象,所加电压越高,气体电离的程度越高。当电压增高到一定值时,火花塞两极间的间隙被击穿而产生电火花。使火花塞两电极之间产生电火花所需要的最低电压,被称为击穿电压。点火系统产生的次级电压必须高于击穿电压,才能使火花塞跳火。击穿电压的大小受很多因素影响,其中主要因素如下:

①火花塞电极的间隙和形状。火花塞电极的间隙越大,击穿电压就越高;电极的尖端棱角分明,所需的击穿电压低。

②气缸内混合气体的压力和温度。混合气的压力越大,温度越低,击穿电压就越高。

③电极的温度。火花塞电极的温度越高,电极周围的气体密度越小,击穿电压就越低。

当火花塞间隙为 0.5~1.0 mm 时,发动机冷起动所需击穿电压为 7 000~8 000 V,实际工作电压一般为 10 000~15 000 V。

(2)具有足够的能量的火花。

发动机在正常工作时,由于混合气压缩终了的温度接近其自燃温度,仅需要 1~5 mJ 的火花能量。但在混合气过浓或过稀,发动机起动、怠速或节气门急剧打开时,发动机则需要较高的火花能量,并且现代发动机随着经济性和排气净化要求的提高,迫切需要提高火花能量。因此,为了保证可靠点火,高能电子点火系统一般就应具有 80~100 mJ 的火花能量,在起动时应产生高于 100 mJ 的火花能量。

(3)适应发动机工作情况的点火时刻。

首先,点火系统应按发动机的工作顺序进行点火;其次,点火必须在最有利的时刻进行。

由于混合气在气缸内燃烧占用一定的时间,所以混合气不应在压缩行程上止点处点火,而应适当提前,使活塞在达到上止点时,混合气已得到充分燃烧,从而使发动机获得较大功率。点火时刻一般用点火提前角来表示,即从发出电火花开始到活塞到达上止点为止的一段时间内曲轴转过的角度。

如果点火过迟，当活塞到达上止点时才点火，则混合气的燃烧主要在活塞下行过程中完成，即燃烧过程在容积增大的情况下进行，使炽热的气体与气缸壁接触的面积增大，因而转变为有效功的热量相对减少，气缸内最高燃烧压力降低，导致发动机过热，功率下降。

如果点火过早，由于混合气的燃烧完全在压缩过程进行，气缸内的燃烧压力急剧升高，当活塞到达上止点之前即达最大，使活塞受到反冲，发动机做负功，不仅使发动机的功率降低，还有可能引起爆燃和运转不平稳现象，加速运动部件和轴承的损坏。

实践证明，点火提前角在上止点前 $10°\sim15°$ 时，发动机的输出功率最大，此时所对应的点火提前角为最佳点火提前角。由于发动机工作状态变化，发动机点火系统必须能自动调整最佳点火提前角，以适应发动机的工作。

当发动机节气门开度一定时，随着转速增高，燃烧过程所占曲轴转角增大，这时，我们应适当加大点火提前角，即点火提前角应随转速增高适当加大。

当发动机转速一定时，随着负荷的加大，节气门开度增大，进入气缸内的可燃混合气量增多，则压缩终了时混合气的压力增大、温度增高、燃烧速度加快，这时，点火提前角应适当减小。反之，当发动机负荷减小时，点火提前角则应适当增大。

汽油的辛烷值越高，抗爆性越好，点火提前角可适当增大，以提高发动机的性能；辛烷值较低的汽油抗爆性差，点火提前角则应减小。

二、传统点火系统的组成和工作原理

1. 传统点火系统的组成

传统点火系统主要由电源（蓄电池和发电机）、点火开关、点火线圈、断电器、配电器、电容器、点火提前调节装置、火花塞等组成。

点火开关的作用是控制仪表电路、点火系统初级电路以及起动机继电器电路的开与闭。

点火线圈相当于自耦变压器，将电源供给的 12 V、24 V 或 6 V 的低压直流电转变为 $15\sim20$ kV 的高压直流电。

断电器、配电器、电容器和点火提前调节装置等组成分电器。它的作用是在发动机工作时接通与切断点火系统的初级电路，使点火线圈的次级绕组产生高压电，并按发动机要求的点火时刻与点火顺序，将点火线圈产生的高压电分配到相应气缸的火花塞上。

断电器主要由断电器凸轮、断电器触点、断电器活动触点臂等组成。断电器凸轮由发动机凸轮轴驱动，并以同样的转速旋转，即发动机曲轴每转两周，断电器凸轮转一周。

配电器由分电器盖和分火头组成，将点火线圈产生的高压电分配给各缸的火花塞。分电器盖上有一个中心电极和若干个旁电极，旁电极的数目与发动机的气缸数相等。分火头被安装在分电器的凸轮轴上,与分电器轴一起旋转。当发动机工作时,点火线圈次级绕组产生的高压电经分电器盖上的中心电极、分火头、旁电极、高压导线分送至各缸火花塞。

电容器被安装在分电器壳上,与断电器触点并联,用来减小当断电器触点断开瞬间在触点处所产生的电火花,以免触点烧蚀,可延长触点的使用寿命。

点火提前调节装置由离心和真空两套点火提前调节装置组成,分别被安装在断电器底板的下方和分电器的外壳上,其作用是在发动机工作时随发动机工况的变化自动调整点火提前角。

火花塞由中心电极和侧电极组成,被安装在发动机的燃烧室中,其作用是将点火线圈产生的高压电引入燃烧室,点燃燃烧室内的可燃混合气。

传统点火系统也被称为蓄电池点火系统,它是汽车使用时间最为长久的一种点火系统。学习和掌握传统点火系统的结构和原理,是学习汽车点火系统的基础。

传统点火系统的组成如图 3-1-5 所示。蓄电池为点火系统提供电能。点火开关接通或断开点火系统电源。点火线圈存储点火能量,并将蓄电池电压转变为点火电压。断电—配电器由断电器、配电器和点火提前调节装置组成,断电器的作用是接通或切断点火线圈初级回路。配电器的作用是将点火线圈产生的高压电按发动机点火顺序分配至各缸火花塞。点火提前调节装置的作用是随发动机转速、负荷和汽油辛烷值变化调节点火提前角。火花塞的作用是将点火高压引入气缸燃烧室,并在电极间产生电火花,点燃混合气。

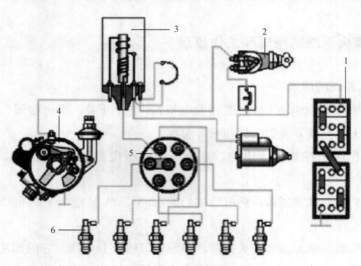

图 3-1-5 传统点火系统的组成

1—蓄电池;2—点火开关;3—点火线圈;4—断电器;5—配电器;6—火花塞

2. 传统点火系统的工作原理

传统点火系统的工作过程分为三个阶段,其工作原理如图 3-1-6 所示。

(1)断电器触点闭合时,低压电路被接通,点火线圈中有磁场形成。

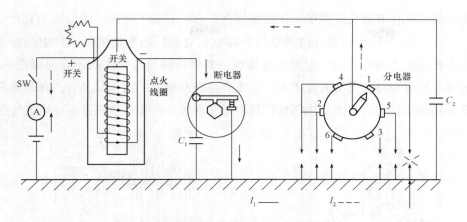

图 3-1-6 传统点火系统的工作原理

当断电器触点受分电器凸轮控制而处于闭合状态时,点火系统低压电路即被接通,点火线圈初级绕组就有电流流过,其低压电路的路径为蓄电池正极"+"→点火开关→附加电阻 R→点火线圈初级绕组→断电器触点(已闭合)→搭铁→蓄电池负极"-"。初级电流便在点火线圈铁芯中产生磁场。

(2)断电器触点断开,初级(低压)电路被切断,次级绕组产生高压电。

当断电器触点被分电器凸轮顶开时,初级电路被切断,初级电流迅速减小,其铁芯中的磁通迅速变化,产生 200~300 V 的自感电动势,根据电磁感应原理,这便使绕在铁芯上的次级绕组感应出 15~20 kV 的高压电。

(3)高压电由配电器分配,并被送至等待点火的火花塞,从而形成高压电路。其高压电路路径为点火线圈瞬时正极→点火开关→蓄电池正极"+"→蓄电池负极"-"→搭铁→火花塞侧电极→火花塞中央电极→分缸线→分火头→中央高压导线→点火线圈瞬时负极。形成高压电路的同时,火花塞跳火,从而点燃气缸内的可燃混合气。

三、点火系统的主要元件

1. 点火线圈

点火线圈的作用是将低压电转变为 15 000~40 000 V 的高压电,以满足火花塞跳火的需要。点火线圈按磁路和结构的不同,可分为开磁路和闭磁路两种。开磁路点火线圈多用于传统点火系统;而闭磁路点火线圈常用于电子点火系统。

1)开磁路点火线圈

开磁路点火线圈的结构如图 3-1-7 所示,点火线圈主要由铁芯,初、次级绕组,绝缘瓷杯,胶木盖等组成。铁芯是由硅钢板叠制而成的,被包在硬纸套中。纸套上绕有次级绕组,其导线为直径 0.06~0.10 mm 的漆包线,绕 11 000~23 000 匝。为了增强绝缘,则次级绕组的外面还包有数层电缆纸。初级绕组在外面，有利于散热，漆包线的直径一般为 0.5～0.8 mm，绕 230～370 匝，初级绕组外面也包有数层绝缘电缆纸。绕组绕好后在真空中浸以石蜡和松香的混合物，以增强绝缘性。初级线圈与外壳之间还有导磁用的钢套。外壳的底部有绝缘瓷杯，上部有胶木盖，盖上有连接断电器的低压接柱、高压线插孔、开关接柱和电源开关接柱。胶木盖内部的四周有形状高缘，以保证高压接头的绝缘性能。

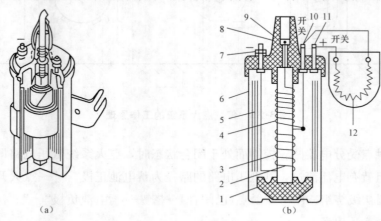

图 3-1-7　开磁路点火线圈的结构

(a)两接线柱点火线圈；(b)三接线柱点火线圈

1—绝缘瓷杯；2—铁芯；3—初级绕组；4—次级绕组；5—导磁钢片；6—外壳；
7—"－"负极端子；8—胶木盖；9—高压插孔；10—开关接线柱；11—"＋"开关接线柱；12—附加电阻

接线柱点火线圈在外壳上附加一个电阻，附加电阻被接在标有开关和"＋"开关的两接线柱上。附加电阻是正温度系数热敏电阻，其作用是在发动机正常工作中，附加电阻串入初级绕组电路中，以保证当发动机低速时，点火线圈不过热，高速时，火花塞不断火。当发动机起动时，附加电阻被短路以增大初级绕组电流值，从而改善发动机起动性能。点火线圈的选用应与电池的搭铁极性一致，这样有利于降低火花塞的工作电压，改善点火性能。

当初级电流流过开磁路点火线圈的初级绕组时，铁芯被磁化，其磁路类似条形磁铁。由于磁路的上、下部分都是从空气中通过的，初级绕组在铁芯中产生的磁通需经壳体内的导磁钢套形成回路，磁路的磁阻大，漏磁较多，能量损失较大。

2)闭磁路点火线圈

闭磁路点火线圈的铁芯是"日"字形或"口"字形，铁芯上绕有初级绕组和次级绕组。当初级绕组通过电流时，产生的磁通通过铁芯形成闭合回路。闭磁路点火线圈的结构如图 3-1-8 所示。

闭磁路点火线圈特点：

漏磁少，磁路磁阻小，因此能量转换效率高达 75%（开磁路点火线圈能量转换效率为 60%左右）。闭磁路铁芯导磁能力极强，可在较小的磁动势下产生较强的磁通，因而可减少线圈匝数，从而使点火线圈体积减小、结构变简单、质量减轻，故电子点火系统广泛采用闭磁路铁芯。

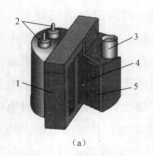 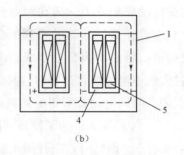 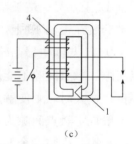

图 3-1-8　闭磁路点火线圈的结构
(a)外形；(b)磁路；(c)电路图
1—铁芯；2—低压路点火线圈外形；3—高压插孔；4—初级绕组；5—次级绕组

2. 分电器

分电器由断电器、配电器、电容器和点火提前调节装置等组成，其结构如图 3-1-9 所示。

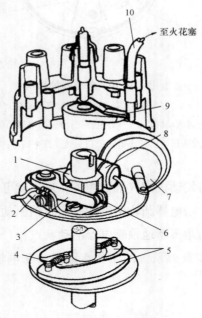

图 3-1-9　分电器的结构
1—断电凸轮；2—弹簧片；3—断电器；4—离心点火提前调节装置；5—飞块；
6—触点；7—真空点火提前调节装置；8—电容器；9—分电臂；10—高压导线

1) 断电器

断电器的作用是控制点火线圈初级电路的通、断，以便在次级电路中感应出高压电。它由断电器凸轮、串联在点火线圈初级绕组电路中的断电器触点和断电器活动触点臂等组成。断电器的结构如图 3-1-10 所示，断电器位于分电器中部，固定触点及支架 3 一端被套在销轴 12 上，另一端被装在活动底板 6 上。活动触点臂 2 的一端固定有活动触点，另一端也被套装在销轴 12 上，触点臂弹簧使活动触点紧压在固定触点上，并使触点臂中间的胶木顶块 11 与断电器凸轮接触。触点由钨合金制成。两个触点分开时的最大间隙被称为触点间隙。触点间隙不能过大也不能过小，过小时，易使触点间形成火花，使初级电路断电不良；过大时，则使触点闭合时间过短，所得的初级电流不够大，这都会使次级电压下降，一般规定触点间隙为 0.35～0.45 mm。为了使该间隙能够调整，就在固定触点的支架上开一长槽，内装一个偏心螺钉 5。调整时，松开固定螺钉 4，转动偏心螺钉 5，可使固定触点绕销轴 12 转动，从而改变间隙的大小。调整好以后，将固定螺钉拧紧。

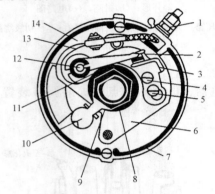

图 3-1-10　断电器的结构

1—接线柱；2—活动触点臂；3—固定触点及支架；4—固定螺钉；
5—偏心螺钉；6—断电器活动底板；7—分电器壳；8—断电器凸轮；9—断电器凸轮延长轴；
10—油毡；11—胶木顶块；12—销轴；13—触点臂弹簧片；14—断电器固定底板

断电器凸轮的凸角数与发动机的气缸数相等，这样就可以保证发动机的各个气缸在一个工作循环中各点火一次。断电器凸轮由发动机凸轮轴驱动，并以相同的转速旋转。当断电器凸轮旋转时，凸轮的凸角不断地顶断电器活动触点臂，使触点不停地开、闭，控制点火线圈初级电路的通、断和点火系统的工作。因此，断电器相当于由断电器凸轮控制的开关。

2）配电器

配电器的作用是将点火线圈产生的高压电按发动机点火顺序分配到各缸的火花塞。配电器由分电器盖和分火头组成。配电器位于分电器上部，如图 3-1-9 所示。分电器盖由胶木制成，中间为中央插孔，四周有与气缸数相等的旁插孔，插孔内部嵌有铜套。由点火线圈高压接线头引出的高压导线被插入中央插孔内，由四周的旁插孔引出的高压线按点火顺序分别与各缸火花塞的绝缘电极相连。用碳精制成的中心电极被装在中央插孔铜套下部的凹坑内，并借助弹簧与分火头上的导电片紧密接触。分火头由胶木制成，被套在凸轮轴顶端，与凸轮同步转动。断电器触点分开时，分火头的导电片恰与某个旁插孔下面的旁电极相对。导电片与旁电极之间有 0.25～0.8 mm 的间隙，以防止火花塞在因污染而漏电时，跳火、电压下降情况的发生，也给加工制造带来方便。

3）电容器

电容器的作用是通过电容器的充电和放电来减小断电器触点分开瞬间，在触点之间产生的火花。它被安装在分电器壳上，与断电器触点并联。汽油机点火系统使用的电容器通常是纸质的，其结构如图 3-1-11 所示。其极片是两条狭长的金属箔带 2，将同样两条狭长的很薄的绝缘纸带 1 与极片交错重叠，卷成圆柱形，在浸渍蜡绝缘介质后，装入圆筒形的金属外壳 4 中加以密封。极片之一与金属外壳在内部接触；另一极片与引出外壳的引线 5 连接。

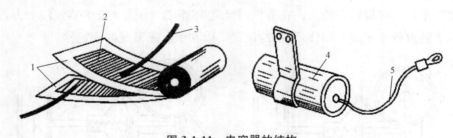

图 3-1-11 电容器的结构

1—纸带；2—箔带；3—软导线；4—外壳；5—引线

4）点火提前调节装置

（1）离心点火调节装置。离心点火调节装置的作用是使点火提前角随汽油机转速的升高而加大，其结构如图 3-1-9 所示。托板被装在分电器轴上，托板上装有两个重块，绕各自的销轴转动，重块小端与托板之间都装有弹簧，使重块处于收拢的位置。断电器凸轮下端为一空套管，空套在轴上。套管下固有一带长孔的拨板，被套在两个重块的销钉上。当汽油机转速升高时，两重块在离心力的作用下克服弹簧的弹力，以销轴为中心向外张开，通过销钉带动拨板及凸轮轴顺着轴的旋转方向转动一个角度，使凸轮早一些将断电器触点打开，从而使点火提前角增大。反之，当转速下降时两重块使点火提前角减小。因此最佳点火提前角与转速不是线性关系，如图 3-1-12 所示。所以我们常采取一些措施改善离心点火调节装置的特性，如采用两个粗细不同的弹簧，粗弹簧具有一定的游隙。转速较低时，只有软弹簧起作用；转速升至一定程度时，两个弹簧共同起作用；转速进一步升至销钉靠在拨板孔的外边缘时，点火提前角不

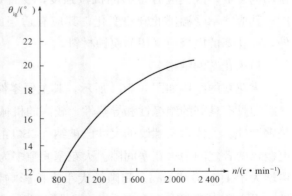

图 3-1-12 最佳点火提前角与转速的关系曲线

再随转速的增加而增加。

(2)真空点火调节装置。真空点火调节装置的作用是使点火提前角随负荷的减小而增大,其作用原理如图 3-1-13 所示。调节器内腔被膜片 4 分为左、右两室,左室与大气相通,右室与化油器混合室壁上的小孔相通。弹簧 5 具有一定的预紧力,力图使膜片向左拱曲。拉杆 3 一端与膜片相连,另一端被套在随动板 2 的销轴上。汽油机以全负荷工作时,节气门全开,小孔 8 处的真空度不大,膜片处于向左最大凸起的位置如图 3-1-13(b)所示。当节气门关小汽油机负荷下降时,小孔 8 处的真空度增大,膜片两端的压力差克服弹簧的作用力而使膜片的中心向右移动一段距离如图 3-1-13(a)所示,从而带动随动板、分电器外壳连同断电器触点以与凸轮旋转方向相反的方向转动一个角度,使点火提前角增大。节气门开度越小,点火提前角越大。在节气门接近全闭时,小孔 8 位于节气门上方,真空度很小,调节装置处于图 3-1-13(b)所示的位置,以利于急速工况的稳定性。

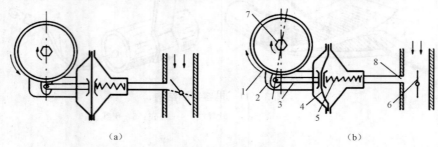

图 3-1-13 真空点火调节装置的作用原理
(a)节气门关闭;(b)节气门开启
1—分电器外壳;2—随动板;3—拉杆;4—膜片;5—弹簧;6—节气门;7—凸轮;8—小孔

3. 火花塞

火花塞是将进入发动机燃烧的汽油和空气混合气体加以点燃的装置,工作于高温、高压的恶劣条件下,是汽油发动机的易损件之一。火花塞工作时要受高压燃气冲击及发动机振动的影响,故其应有足够的机械强度;受冲击性高电压作用,故其应有足够的绝缘强度;其应能承受温度的剧烈变化;其应有适当的电极间隙和安装位置,气密性良好。另外,火花塞的电极应采用耐腐蚀材料。

1) 火花塞的结构

火花塞的结构如图 3-1-14 所示,其主要零件是绝缘体、壳体、电极和接线螺杆。绝缘体必须具有良好的绝缘性和导热性、较高的机械强度,耐受高温热冲击和化学腐蚀。壳体是钢制件。壳体六角螺纹的尺寸已被纳入 ISO 的国际标准。火花塞电极包括中央电极和侧电极,两者之间为火花塞间隙。火花塞间隙多为 0.6~0.7 mm,但采用电子点火时,间隙可增大至 1.0~1.2 mm。间隙的大小直接影响发动机的起动、功率、工作稳定性和经济性。合理的间隙与点火电压有关。电极材料必须具有良好的抗电蚀(火花烧蚀)和抗腐蚀(化学-热腐蚀)能力,并应具有良好的导热性。中心电极与接线螺杆之间是导体玻璃密封剂，它既要导电，也要承受混合气燃烧的高压，同时保证密封性。

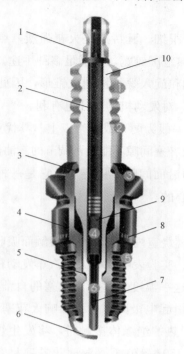

图 3-1-14　火花塞的结构

1—接线螺母；2—接线螺杆；3—上垫圈；4—壳体；5—下垫圈；
6—侧电极；7—中心电极；8—外密封垫圈；9—密封剂；10—绝缘体

从分电器流出的高压电流会经过这个中心电极导电，然后在侧电极的放电间隙放电，这时火花塞发挥功用产生火花点燃混合气，发动机得到能源并输出功率。

2) 火花塞的类型

有些火花塞绝缘体裙部短，受热面积小，传热距离短，散热容易，裙部温度低，被称为冷型火花塞，适用于高速高压缩比的大功率发动机；有些火花塞绝缘体裙部长，受热面积大，传热距离长，散热困难，裙部温度高，被称为热型火花塞。

按照热值高低来分，火花塞有冷型和热型；火花塞的热特性常用热值或炽热数表示。我国是以绝缘体裙部长度标定的热值(1~11)来表征火花塞的热特性。热值代号 1、2、3 为热型火花塞；4、5、6 为中型火花塞；7、8、9、10、11 为冷型火花塞。

按照电极材料来分，火花塞有镍合金、银合金和铂合金等。

常用火花塞的类型有如下几种。

(1) 标准型火花塞：绝缘体裙部略缩入壳体端面，侧电极在壳体端面以外。它是使用最广泛的一种。

(2) 绝缘凸出型火花塞：绝缘体裙部较长，凸出于壳体端面以外。它具有吸热量大、抗污能力好等优点，且能直接受进气的冷却影响而降低温度，因而不易引起炽热点火，故热适应范围宽。

（3）细电极型火花塞：电极很细。其特点是火花强烈，点火能力好，在严寒季节也能保证发动机迅速可靠地起动，热范围较宽，能满足多种用途。

（4）锥座型火花塞：其壳体和旋入螺纹被制成锥形，因此其不用垫圈即可保持良好的密封，从而缩小了火花塞体积，对发动机的设计更有利。

（5）多极型火花塞：侧电极一般为两个或两个以上。其优点是点火可靠，间隙不需经常调整，故一些电极容易烧蚀和火花塞间隙不能经常调节的汽油机上常常采用此类火花塞。

（6）沿面跳火型火花塞：即沿面间隙型火花塞。它是一种最冷型的火花塞，其中心电极与壳体端面之间的间隙是同心的。

3）火花塞的选用与维护。

火花塞绝缘体裙部直接与燃烧室内的高温气体接触而吸收大量的热，吸入的热量通过外壳分别传到气缸盖和大气中。实验表明，要保证汽车发动机正常工作，火花塞绝缘体裙部应保持 500～600 ℃的温度（这一温度被称为火花塞的自洁温度），若温度低于此值，则将会在绝缘体裙部形成积炭而引起电极间漏电，影响火花塞跳火。若绝缘体温度过高（超过 900 ℃），则混合气与这样炽热的绝缘体接触时，将发生炽热点火，从而导致发动机早燃。火花塞正常工作的温度在 450～870 ℃，这时火花塞呈黄褐色。如果火花塞工作温度长期低于 450 ℃，则火花塞周围会有很多积炭，火花塞呈黑色。

一般功率高、压缩比大的发动机选用热值高的冷型火花塞；相反，功率低、压缩比小的发动机选用热值低的热型火花塞。火花塞的选用一般是工厂通过产品定型实验确定的，我们不应随意更换。火花塞的更换严禁新旧混用，要求型号一致，热值相符。更换火花塞需要注意以下三种情况：

（1）中心电极呈红褐色，侧电极及四周呈青灰色，说明选型合适。

（2）电极间有烧熔或烧蚀现象，裙部及绝缘体呈灼白状态，说明火花塞选型过热。

（3）电极间及绝缘体裙部有黑色条纹，说明火花塞已经漏气，我们应重新选择。

任务二　电子点火系统

一、电子点火系统的基本原理与类型

1. 电子点火系统基本原理

电子点火系统是用晶体三极管取代触点起开关作用，而断电器的触点或信号发生器电路串联在三极管的基极电路中,控制三极管的导通与截止。因触点或信号发生器只控制基极电流,故通过电流非常小,不易烧蚀,次级电压高。

电子点火系统主要优点:延长触点使用寿命,减少维护、调整;改善点火性能,可增加一次侧电流大小;改善发动机性能,点火能量增大,超速容易,动力性能好;成本低,适于改动,安装调试简单。

2. 电子点火系统的类型

1) 按断电器有无触点分类

(1) 有触点式:电感储能式、电容储能式。

(2) 无触点式:磁感应式、霍尔式、光电式。

2) 按初级电流控制方式分类

(1) 电子点火控制器控制式:分元件式、集成电路式。

两种控制器都根据分电器与曲轴之间点火正时关系和点火提前调节装置的工作情况对点火时机进行控制。因影响的因素很多,故不能实现精确控制。

(2) 微机控制点火式:分配点火系统、直接点火系统。

当发动机运转时,微机根据与发动机工作参数有关的各种传感器输出的信号,经过数学运算和逻辑判断,对点火时机进行控制。

① 分配点火系统。点火线圈产生的高压电由配电器按发动机工作顺序分配到各缸。高压放电会产生火花,浪费点火能量,产生无线电和音响的干扰信号。

② 直接点火系统(无分电器点火系统)。次级绕组的两端分别与两个火花塞相连,如国产桑塔纳 2000 GSi、捷达王轿车,其是目前最先进的点火系统。

二、磁感应式电子点火系统

1. 磁感应式电子点火系统的组成

磁感应式电子点火系统又被称为磁脉冲式电子点火系统,由磁感应式分电器(内装磁感应式点火信号发生器)、点火器、专用点火线圈、火花塞等部件组成。

2. 磁感应式信号发生器

磁感应式信号发生器被安装在分电器内的底板上,由信号转子、永久磁铁、铁芯、传感线圈等组成。其结构如图 3-2-1 所示。

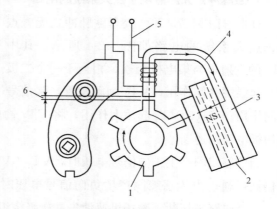

图 3-2-1 磁感应式信号发生器的结构

1—信号转子;2—永久磁铁;3—铁芯;
4—磁通;5—传感线圈;6—空气隙

磁感应式信号发生器工作原理：

利用电磁感应原理，信号转子转动时，信号转子的凸齿与铁芯的空气隙发生变化，使通过传感线圈的磁通发生变化，因此传感线圈中产生感应的交变电动势，该交变电动势输入到点火器，以控制点火系统工作。其工作原理（假设信号转子顺时针转动）如图 3-2-2 所示。

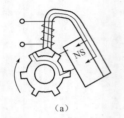　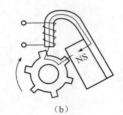　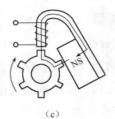　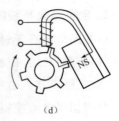

(a)　　　　　　(b)　　　　　　(c)　　　　　　(d)

图 3-2-2　磁感应式信号发生器的工作原理

(a)凸齿与铁芯的空气气隙最大；(b)凸齿与铁芯的空气气隙减小；
(c)凸齿与铁芯的空气气隙再减小；(d)凸齿与铁芯的空气气隙最小

当信号转子顺时针转动时，信号转子的凸齿逐渐接近铁芯，凸齿与铁芯间的空气隙越来越小，通过传感线圈的磁通逐渐增大，当信号转子凸齿的齿角与铁芯边缘相对时，磁通急剧增加，磁通变化率最大。根据磁通的交替变化，传感线圈就会相应产生信号电压。信号发生器传感线圈中磁通和感应电压的情况如图 3-2-3 所示。

3. 磁脉冲式无触点电子点火系统的电路

日本丰田 MS75 系列汽车磁脉冲式无触点电子点火系统的电路如图 3-2-4 所示，其中 VT_1 的发射极与集电极相连，相当于一个二极管，起温度补偿作用；VT_2 为触发管，起信号

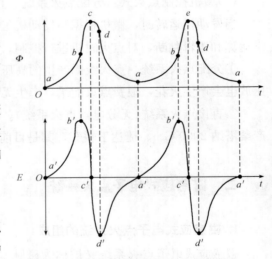

图 3-2-3　信号发生器传感线圈中磁通和感应电压的情况

检测作用；VT_3、VT_4 起放大作用，将 VT_2 输出放大以驱动 VT_5；VT_5 为大功率管，控制初级电流的通断。

当传感线圈产生正向信号电压时，VT_1、VT_3 截止，VT_2、VT_4、VT_5 导通，初级电路仍然接通；当传感线圈产生负向信号电压时，VT_1、VT_3 导通，VT_2、VT_4、VT_5 截止，初级电路被切断，磁场迅速消失，次级绕组产生高压。

VS_1、VS_2 反向串联后与点火信号发生器的传感线圈并联，在高转速时，使传感线圈输出的正向和负向电压稳定在某一数值，保护 VT_2 不受损害；VS_3 与 R_4 组成稳压电路，

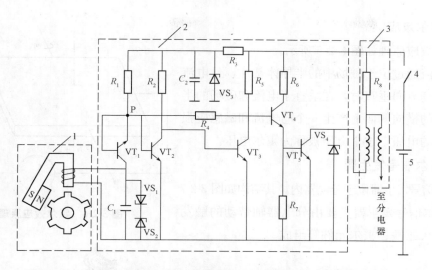

图 3-2-4 日本丰田 MS75 系列汽车磁脉冲式无触点电子点火系统的电路
1—点 K 信号发生器；2—电子点火器；3—点火线圈；4—点火开关；5—电源

保证 VT_1、VT_2 在稳定电压下工作；当 VS_4、VT_5 管截止时，初级绕组的自感电动势被限制在某一值内，保护 VT_5 管；C_1 的作用是消除点火信号发生器传感线圈输出电压波形上的毛刺，防止误点火；C_2 与 R_4 组成阻容吸收电路，吸收瞬时过电压，防止误点火；R_3 的作用是加速 VT_2 及 VT_5 的翻转。

三、霍尔式电子点火系统

霍尔式电子点火系统由内装霍尔信号发生器的分电器、点火器、火花塞、点火线圈等组成。下面以桑塔纳轿车霍尔式电子点火系统为例说明其工作过程。桑塔纳轿车霍尔式电子点火系统原理如图 3-2-5 所示。

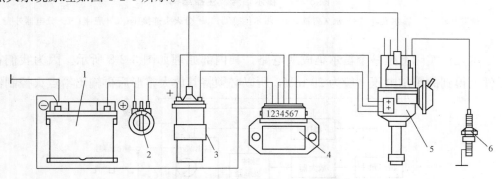

图 3-2-5 桑塔纳轿车霍尔式电子点火系统原理
1—蓄电池；2—点火开关；3—点火线圈；4—点火器；5—内装霍尔信号发生器的分电器；6—火花塞

项目三 点火系统

1. 霍尔效应

霍尔效应原理如图 3-2-6 所示。

当电流通过位于磁场中的半导体基片，且电流方向和磁场方向垂直时，在垂直于电流和磁场的半导体基片的横向侧面上产生一个与电流和磁感应强度成正比的电压，这个电压被称为霍尔电压。

2. 霍尔信号发生器

霍尔信号发生器位于分电器内。其结构如图 3-2-7 所示。霍尔信号发生器主要由分电器轴带动的触发叶轮、永久磁铁、霍尔元件等组成。

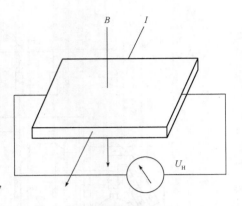

图 3-2-6 霍尔效应原理

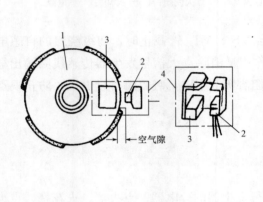
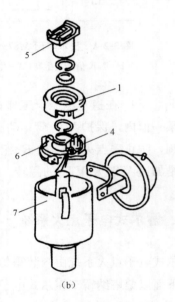

图 3-2-7 霍尔信号发生器结构

1—触发叶轮；2—霍尔元件；3—永久磁铁；4—霍尔传感器；5—分火头连接座；6—底座；7—分电器外壳

霍尔元件实际上是一个霍尔集成块电路，其内部原理如图 3-2-8 所示。因为我们在霍尔元件上得到的霍尔电压一般为 20 mV，所以必须将其放大整形后再输出给点火控制器。

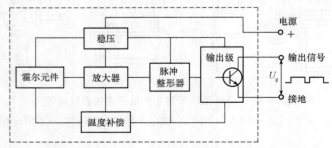

图 3-2-8 霍尔元件内部原理

霍尔信号发生器工作原理如图 3-2-9 所示。

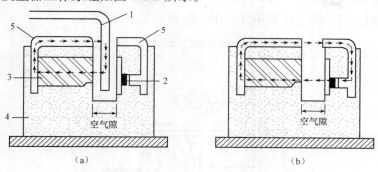

图 3-2-9 霍尔信号发生器工作原理
(a)触发叶片进入空气隙；(b)触发叶片离开空气隙
1—触发叶轮的叶片；2—霍尔元件；3—永久磁铁；4—霍尔传感器；5—导板

分电器轴带动触发叶轮转动，当叶片进入磁铁与霍尔元件之间的空气隙时，磁场被旁路，霍尔元件不产生霍尔电压，霍尔集成电路末级三极管截止，信号发生器输出高电位；当触发叶轮离开空气隙时，永久磁铁的磁力线通过霍尔元件而产生霍尔电压，集成电路末级三极管导通，信号发生器输出低电位。叶片不停地转动，信号发生器输出一个矩形波信号，该信号作为控制信号给点火器，由点火器控制初级电路的通断。霍尔信号发生器完成功能时波形如图 3-2-10 所示。

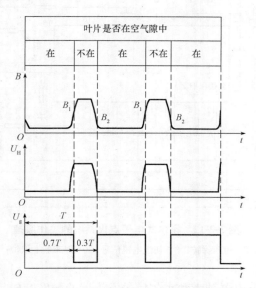

图 3-2-10 霍尔信号发生器完成功能时波形

3. 点火控制器

桑塔纳轿车点火控制器外形结构如图 3-2-11 所示。点火控制器内部采用意大利 SGS-

THOMSON 公司生产的 L497 专用点火集成块,该点火控制器具有对初级电流上升率的控制、闭合角控制、停车断电保护和过电压保护等功能。

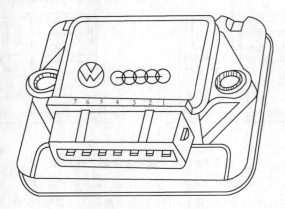

图 3-2-11 桑塔纳轿车点火控制器外形结构

4. 霍尔式电子点火系统的工作过程

霍尔式电子点火系统(点火器内装专用点火集成块)的工作原理如图 3-2-12 所示。

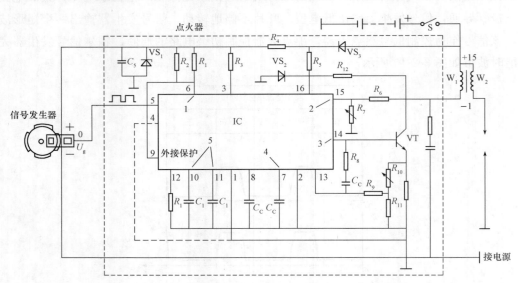

图 3-2-12 霍尔式电子点火系统的工作原理

1—RPM 输出;2—过压保护;3—初级电视信号;4—停车断电保护;5—闭合角控制

当发动机工作时,分电器轴带动霍尔信号发生器的触发叶轮旋转。当触发叶轮的叶片进入空气隙时,信号发生器输出高电压信号 11~12 V,使点火控制器集成电路中末级大功率三极管 VT 导通,点火系统初级电路接通:电源正极"+"→点火开关→点火线圈(初级线圈 W_1)→点火控制器(三极管 VT)集电极→三极管 VT 发射极→反馈电阻 R_s→搭铁→

电源负极"—"。

当触发叶轮的叶片离开空气隙时，信号发生器输出 0.3～0.4 V 的低电压信号，使点火器大功率三极管 VT 截止，初级电路被切断，次级线圈 W_2 产生高电压。

任务三　汽车发动机点火系统主要元件的检测

一、点火线圈的检测

1. 点火线圈的常见故障

（1）点火线圈绕组短路，会使点火线圈产生的电压过低，造成点火能量不足，火花塞电极黑得太快（经常被积炭污染）。

（2）点火线圈断路或接地，不产生高压电，无法点火。

（3）点火线圈表面放电，是指在点火线圈外表面发生了放电跳火现象。引起表面放电的主要原因是表面有污物和严重受潮。表面放电常发生在高压引出螺钉附近，因此在高压引出螺钉与高压线的连接部位通常装有护套。当出现表面放电现象时，我们往往可在放电部位见到烧损痕迹。当烧损较轻微时，我们可清除烧损物并做好绝缘处理。

（4）点火线圈绝缘老化。原因是在热车后的高温或高速大负荷工况下的频繁点火，使点火线圈温度迅速升高。而点火线圈自身的绝缘老化，使其在高温、高电压下发生放电短路故障，导致点火线圈初级绕组和次级绕组实际的匝数比变小，使次级绕组产生的电压值降低，造成突然熄火、车速达不到要求的故障。点火线圈工作温度一般不超过 80 ℃，否则会造成点火线圈过热。点火线圈过热会使点火线圈内部的绝缘物质熔化，加速点火线圈损坏。

2. 点火线圈的检测

（1）点火线圈的外部检查主要包括检查外壳的清洁情况；点火线圈的外表、外壳是否完好，型号是否符合；有无裂损或绝缘物溢出，各接线柱连接是否牢靠；若发现绝缘盖破裂或外壳损伤，因容易受潮而失去点火能力，则应予以更换；高压线座孔是否完好，必要时修复。

（2）初、次级绕组断路、短路、搭铁检验用万用表测量点火线圈的初级绕组、次级绕组以及附加电阻的电阻值，应符合技术标准，否则说明有故障，应予以更换。

一般测量电阻法如下：

① 检查初级绕组电阻。用万用表电阻挡测量"＋"与"—"端子间的电阻，电阻值应小于 1 Ω。

②检查次级绕组电阻。用万用表电阻挡测量"＋"与中央高压端子间的电阻，电阻值应小于 6 kΩ。

③检查附加电阻。用万用表直接接于附加电阻的两端子上。

(3)点火线圈绝缘性能检测，对于点火线圈故障最好是在动态下检测。

①在试车中，故障出现时用示波仪检测波形。如热车后波形发生变化，则必须更换。

②在试车中故障出现的第一时间，用红外线测温仪检测次级线圈的工作温度，如超过 95 ℃，则说明点火线圈绝缘老化，内部有短路点，必须更换。

③在试车中故障出现的第一时间，用欧姆表检测次级线圈的电阻值，如热车后电阻值明显变小，则说明内部短路，必须更换。

(4)发火强度检测

①在万能电器试验台上检验火花强度及连续性。当检查点火线圈产生的高电压时，我们可利用分电器配合试验台进行试验，如果三针放电器的火花强，并能击穿 5.5 mm 以上的间隙，则说明点火线圈发火强度良好。检验时将电极间隙调整到 7 mm，先以低速运转，待点火线圈的温度升高到工作温度(60～70 ℃)时，再将分电器的转速调至规定值(一般 4、6 缸发动机用的点火线圈的转速为 1 900 r/min，8 缸发动机的为 2 500 r/min)，在 0.5 min 内，若能连续发出蓝色火花，则表示点火线圈良好。

②用对比跳火的方法检验。此方法在试验台上或车上均可进行，将被检验的点火线圈与好的点火线圈分别接上进行对比，看其火花强度是否一样。点火线圈经过检验，如内部有短路、断路、搭铁等故障，或发火强度不符合要求，则均应更换新件。

3. 点火线圈的维护

点火线圈的维护方法如下：

(1)点火线圈的外表面应保持清洁，内部应避免受潮，以保持其良好的绝缘性能。

(2)点火线圈高压引出螺钉与高压线的连接应牢固可靠，若连接松动，则容易发生放电跳火现象，烧损连接部位。

(3)点火线圈二次绕组一端经高压线、火花塞帽与火花塞相连，在使用中要防止高压线、火花塞帽松脱。高压线或火花塞帽脱落会使二次绕组产生的高压电因负载开路而升高到由工作能力决定的极限值，容易导致二次绕组被击穿损坏。在检查点火系统的跳火性能时，高压放电跳火的距离一般不应超过 6 mm。

(4)点火线圈一次绕组与外电路的连接应牢固可靠。在蓄电池点火系统中，对低压接线柱与外电路的连接通常有极性的规定，即正极低压接线柱应直接或间接搭铁与蓄电池正极相连，负极低压接线柱与蓄电池负极相连。

(5)对于有触点式蓄电池点火系统，在汽油停止运转时，我们应及时断开点火开关，在接通点火开关时，我们应及时起动汽油机。否则，当断电器触点恰好停留在闭合状态时，初级绕组将连续流过较大的电流，容易使点火线圈产生过高的温升而被损坏。

（6）在部分磁电机点火系统中，点火线圈还与旋转飞轮产生电磁感应。因此点火线圈铁芯应与飞轮磁铁保持规定的间隙(气隙)，否则会影响点火性能或引起机械事故。

二、火花塞的检测

1. 火花塞的拆卸

（1）工具准备。拆卸火花塞需要扳手、长接杆和六角套筒。汽车上的火花塞一般是用16 mm的六角套筒拆卸的。

（2）发动机冷却后方可拆卸。先清理点火线圈及其附近的灰尘和油污，然后拔下点火线圈的线束插头，用套筒拧下点火线圈的固定螺栓，如图3-3-1所示。

（3）拔出点火线圈。一些车型的点火线圈和缸体之间用橡胶密封，拔出时需要用力，如图3-3-2所示。

图3-3-1 拆卸点火线圈的固定螺栓
1—固定螺栓；2—点火线圈

图3-3-2 拔出点火线圈

（4）取下点火线圈后，用套筒把火花塞拧松，如图3-3-3所示。我们旋松所要拆卸的火花塞后，用一根细软管吹净火花塞周围的污物，以防火花塞旋出后污物落入燃烧室内。

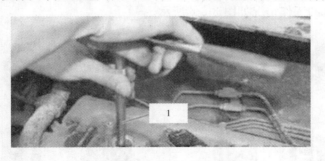

图3-3-3 用套筒拧松火花塞
1—套筒

（5）取出火花塞。如图3-3-4所示，将之前拆下来的点火线圈插入已拧松的火花塞上，将火花塞取出。作业人员也可以使用带磁性的套筒在拆卸火花塞时把旋出的火花塞取出。如果使用没有磁性的套筒，则可以在套筒内塞一段较厚的双面胶，也能够把旋出的火花塞取出。

图 3-3-4　将点火线圈插入已拧松的火花塞上并取出火花塞

1—火花塞；2—点火线圈

2. 火花塞的检查

（1）图 3-3-5 所示为使用后的火花塞与新火花塞外观的对比。

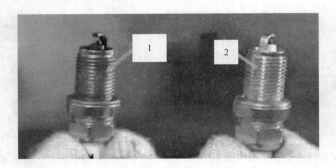

图 3-3-5　使用后的火花塞与新火花塞外观的对比

1—使用后的火花塞；2—新火花塞

（2）检查火花塞的工作情况。火花塞外观的检查，如有破损、明显缺陷，则应更换新的火花塞。火花塞的工作情况如图 3-3-6 所示。

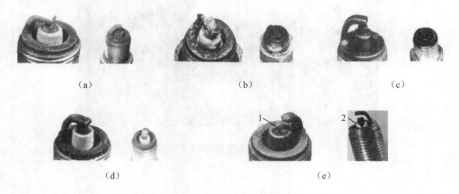

图 3-3-6　火花塞的工作情况

（a）正常工作；（b）积炭；（c）黑色油迹；（d）呈白色；（e）损坏

1—电极损坏；2—绝缘体损坏

火花塞轻度积炭时，我们可用铜丝刷清洁；积炭严重时，我们应先将火花塞放在丙酮或煤油中浸泡，待积炭软化后，再用铜丝刷清洗，不可用刮刀、砂纸清除积炭，必要时更换新的火花塞。如在火花塞上发现熏黑、形成釉层等其他不正常现象，则应进行清理，必要时更换新的火花塞。

（3）检查调整火花塞电极间隙。传统点火系统火花塞的电极间隙一般可按 0.7～0.9 mm 调整，电子点火系统火花塞间隙按 0.9～1.2 mm 调整。火花塞电极间隙因车型的不同而不同，我们可以从随车手册中查找。火花塞电极间隙过小，火花塞跳火能力变弱、电极容易烧蚀；火花塞电极间隙过大，当发动机高速运转时易出现断火现象。

火花塞电极间隙可用塞尺进行测量，如图 3-3-7 所示。

如果火花塞电极间隙不符合要求，则应进行调整。调整间隙时，只能调整侧电极，不能调整中心电极，以免损坏绝缘体。如果火花塞间隙太大，则可用旋具柄轻轻敲打侧电极来调整，但不要用力过大，否则侧电极可能因过度弯曲而损坏；

图 3-3-7 火花塞电极间隙的测量
1—火花塞；2—侧电极

如果间隙过小，则应用专用工具扳动侧电极来调整，扳动旋具把间隙调整到规定值，调整方法如图 3-3-8 所示。

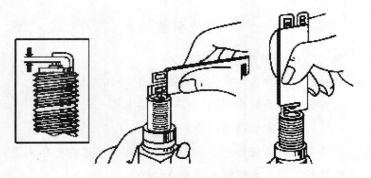

图 3-3-8 火花塞电极间隙的调整

（4）火花塞电阻的检测。现代汽车普遍采用电阻型火花塞，其电极电阻值为 3～15 kΩ。检查方法是将万用表拨到 $R \times 1$ kΩ 挡，两只表笔分别连接中心电极和高压线插头进行测量。如阻值为无穷大，则说明已断路，应予更换火花塞；如阻值过小，则不能抑制无线电干扰信号，应更换火花塞。

（5）火花塞绝缘电阻的检测。用兆欧表测量火花塞绝缘电阻，正常火花塞绝缘电阻值大于 10 MΩ，若绝缘电阻值小于 10 MΩ 则应更换。

（6）火花塞的安装。安装火花塞时，作业人员应先将火花塞放到套筒里，然后使用扭力扳手紧固火花塞，一般火花塞拧紧力矩为 20 N·m。安装步骤如下。

①将火花塞对准缸盖上的火花塞座孔，用手轻轻拧入火花塞。拧到约螺纹全长的二分之一后，用套筒初步旋紧，如图 3-3-9 所示。

②当拧紧火花塞时，注意套筒及扭力扳手要对正火花塞，同时注意拧紧力矩不能过大，防止损坏火花塞及缸盖火花塞座孔的螺纹。

③若拧动时感觉不畅，则应退出检查是否对正螺口或螺纹中有无夹带杂质，切

图 3-3-9　拧入火花塞并用套筒初步旋紧

不可盲目加力紧固，以免损伤螺孔甚至缸盖，特别是铝合金缸盖。

④应按要求的力矩拧紧，火花塞拧得过松会造成漏气，过紧会使密封垫失去弹性，同样会造成漏气。锥座型火花塞由于不用密封垫，一定要按规定力矩拧紧。

⑤在安装点火线圈时，注意不要把顺序弄错，按每个缸原来的位置对应安装。

 **练习**

点火系统

一、判断题（对的打"√"，错的打"×"）

1. 火花塞间隙越大，所需的击穿电压就越高。　　　　　　　　　　　　　（　　）
2. 发动机的最佳点火时间是活塞到达压缩行程的上止点时。　　　　　　　（　　）
3. 断电器触点与点火线圈的初级绕组串联。　　　　　　　　　　　　　　（　　）
4. 次级电压的高低与初级电流的大小有关，而与初级电流的变化快慢无关。（　　）
5. 分电器上的电容器断路，易使断电器触点烧蚀。　　　　　　　　　　　（　　）
6. 离心点火提前调节装置的工作特性取决于并联的两个弹簧的总刚度。　　（　　）
7. 当发动机转速增大时，应增大点火提前角。　　　　　　　　　　　　　（　　）
8. 当发动机负荷减小时，应减小点火提前角。　　　　　　　　　　　　　（　　）
9. 要使发动机产生最大功率，不损失能量就应在活塞到达上止点时点火。　（　　）
10. 点火过迟会使发动机过热。　　　　　　　　　　　　　　　　　　　（　　）
11. 火花塞间隙过小，高压火花变弱。　　　　　　　　　　　　　　　　（　　）
12. 点火控制器的作用是控制点火线圈初级绕组中电流的通断。　　　　　（　　）

13. 微机控制电子点火系统的基本点火提前角是电子控制单元根据发动机的水温和转速确定的。（　）
14. 点火系统根据点火能量的储存方式不同可分为电感储能和电场储能两类。（　）

二、选择题(单项选择题)

1. 为使汽车发动机能在各种困难条件下点火起动，就要求作用于火花塞两电极间的电压至少在(　)。
　　A. 7 000～8 000 V　B. 8 000～9 000 V　C. 9 000～10 000 V　D. 10 000 V 以上

2. 点火线圈上附加电阻的作用是(　)。
　　A. 减小初级电流　　　　　　　　B. 增大初级电流
　　C. 稳定初级电流　　　　　　　　D. 使初级电流达到最大值

3. 在断电器触点断开的瞬间，初级绕组产生的自感电压为(　)。
　　A. 100 V 左右　　B. 300 V 左右　　C. 7 000 V 左右　　D. 15 000 V 左右

4. 火花塞绝缘体裙部的温度应保持在(　)。
　　A. 200～500 ℃　　B. 500～900 ℃　　C. 900～1 200 ℃　　D. 1 200～1 500 ℃

5. 大功率、高转速、大压缩比的发动机选用的火花塞应是(　)。
　　A. 冷型火花塞　　B. 热型火花塞　　C. 中型火花塞　　D. 都可以

6. 磁感应式信号发生器所产生的脉冲信号主要是应用(　)。
　　A. 电磁振荡原理　　　　　　　　B. 光电效应原理
　　C. 霍尔效应原理　　　　　　　　D. 电磁感应原理

7. 发动机转动时，霍尔传感器输出信号的电压应为(　)。
　　A. 5 V　　　　B. 0 V　　　　C. 0～5 V　　　　D. 4 V

8. 传统点火系统与电子点火系统最大的区别是(　)。
　　A. 点火能量的提高　　　　　　　B. 断电器触点被点火控制器取代
　　C. 曲轴位置传感器的应用　　　　D. 点火线圈的改进

9. 普通电子控制点火系统由(　)控制点火线圈的通断。
　　A. ECU　　　　B. 点火控制器　　　C. 分电器　　　D. 转速信号

10. 点火闭合角主要是通过(　)控制的。
　　A. 通电电流　　B. 通电时间　　C. 通电电压　　D. 通电速度

11. 混合气在气缸内燃烧，当最高压力出现在上止点(　)左右时，发动机输出功率最大。
　　A. 前 10°　　　B. 后 10°　　　C. 前 5°　　　D. 后 5°

汽车照明和信号系统

学习目标

1. 了解照明与信号系统的作用及相关的交通法规。
2. 掌握汽车前照灯的结构和调整方法。
3. 掌握汽车信号电路的组成和工作原理。
4. 掌握汽车随动转向大灯的结构和调整方法。
5. 了解各种常见维修工具和检测仪器的使用方法和技术特点。

任务要求

1. 会识读汽车照明系统电路图和检修电路。
2. 会识读汽车信号系统电路图和检修电路。
3. 会识读汽车随动转向大灯电路图。
4. 能熟练使用常见维修工具和检测仪器。

任务一 汽车照明系统

一、汽车照明系统的作用与类型

汽车照明系统是汽车安全行驶的必备系统之一,用于夜间行车照明、车内照明、仪表照明及检修照明。它主要包括外部照明灯具、内部照明灯具、外部信号灯具、内部信号灯具等。汽车照明系统主要由照明设备、电源、线路、控制开关等组成。

汽车灯具按照功能划分,主要有两个种类:汽车照明灯和汽车信号灯。

(1)汽车外部照明灯按照其安装的位置及功能划分为前照灯、雾灯、牌照灯、工作灯等。汽车部分灯具的安装位置如图 4-1-1 所示。

任务一 汽车照明系统

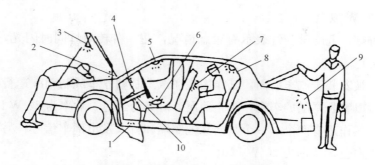

图 4-1-1　汽车部分灯具的安装位置

1—门槛灯；2—发动机罩下灯；3—检修照明灯；4—仪表及开关照明灯；5—前顶灯；
6—门警告灯；7—阅读灯；8—后顶灯；9—行李厢灯；10—点烟器、收放机照明灯

①前照灯：前照灯被装于汽车头部两侧，主要用于夜间行车时道路的照明。前照灯有两灯制和四灯制之分，功率一般为 40～60 W。

②雾灯：雾灯有前雾灯和后雾灯两种。前雾灯被装于汽车前部比前照灯稍低的位置，用于雨雾天气行车时道路的照明。为保证在雾天高速行驶的汽车向后方车辆或行人提供本车位置信息，交通管理部门就规定，在车辆后部加装功率较大的后雾灯，以降低交通事故发生率。雾灯的光色规定采用光波较长的黄色、橙色或红色。

③牌照灯：牌照灯被装于汽车尾部的牌照上方，用于夜间照亮汽车牌照。

④工作灯：工作灯是在车辆维修时可以移动使用的一种随车低压照明工具，其电源来自发电机或蓄电池。它常常带有挂钩或夹钳，插头有点烟器式或两柱插头式两种。

(2)汽车内部照明系统由顶灯、仪表灯、踏步灯、行李厢灯、阅读灯、门灯组成。它主要是为驾驶员、乘客提供方便。灯光为白色，灯泡功率为 2～20 W。

①顶灯：被安装在驾驶室或车厢内顶部，为驾驶室或车厢内的照明灯具。灯光一般为白色。

②仪表灯：被安装于仪表盘内，用于汽车仪表的照明。灯光一般为白色。

③踏步灯：一般被安装在汽车的上下车台阶的左右两侧，作用是照亮车门的踏步处，方便乘客上下车，灯光一般为白色。

④行李厢灯：轿车行李厢内的灯具，灯光为白色。

⑤阅读灯：被装于乘客席前部或顶部，聚光时乘客看书不会使驾驶员产生炫目现象，照明范围较小，有的还有光轴方向调节机构。

⑥门灯：被装于轿车外张式车门内侧底部，在开启车门时，门灯发亮，以提示后方行人、车辆注意避让。功率为 5 W，灯光为红色。

(3)汽车灯光信号灯包括转向信号灯、危险警告灯、制动灯、倒车灯、指示灯、警告灯等。

①转向信号灯：其作用是表示汽车的运行方向。左、右转向灯分别指示闪光，灯光为

黄色。功率为 20 W 以上。

②危险警告灯：危险警告灯表示有紧急情况，左、右转向灯同时闪光，灯光为黄色，功率为 20 W 以上。

③制动灯：被安装于汽车后面，其作用是在汽车制动停车或制动减速行驶时，向后车发出灯光信号，以警告尾随的车辆，防止追尾，灯光为红色，功率为 20 W 以上。

④倒车灯：其作用有两个，一个是向其他车辆和行人发出倒车信号；另一个是夜间倒车照明。灯光为白色，功率为 20 W 以上。

⑤指示灯：指示某一系统是否处于工作状态。灯光为红色或绿色，功率为 2 W。如远、近光指示灯，转向指示灯，雾灯工作指示灯，空调工作指示灯，驻车制动指示灯，收放机工作指示灯，自动变速器挡位指示灯等。

⑥警告灯：被安装在仪表板上，用于监测汽车某一工作系统的技术状况，当出现异常情况时发出警告灯光信号。灯光为红色或黄色，功率为 2 W，如发动机故障警告灯、机油警告灯、水温警告灯等。

二、前照灯

1. 前照灯的基本要求

由于前照灯的照明效果直接影响夜间行车驾驶的操作和交通安全，世界各国交通管理部门多以法律的形式规定其照明标准。前照灯的基本要求如下：

(1)前照灯应保证夜间车前有明亮而均匀的照明，使驾驶员能辨明 100 m 以内道路上的任何物体。随着汽车行驶速度的不断提高，其对前照灯的要求也越来越高，现代高速汽车前照灯的照明距离为 200~250 m。

(2)前照灯应具有防炫目装置，以免两车夜间在交会时对方驾驶员炫目而发生事故。

2. 前照灯的分类和结构

(1)按结构形式划分，反射镜可分为可拆卸式、半封闭式和全封闭式三种。

①可拆卸式前照灯因气密性不良，反射镜易受潮气和灰尘污染而降低反射能力，现已被淘汰。

②半封闭式前照灯的结构如图 4-1-2 所示。半封闭式前照灯的前透镜和反射镜密封，我们可从反射镜的后端拆装灯泡，其优点是维修方便，但反射镜易被污染。

③全封闭式前照灯的结构如图 4-1-3 所示。反射镜和前透镜被熔焊为一个整体，灯丝被直接焊在反射镜的底座上，其优点是可完全避免反射镜被污染，但灯丝烧坏后需整体更换，维修成本高。

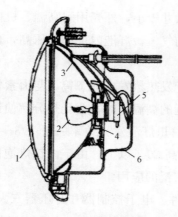
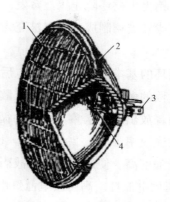

图 4-1-2　半封闭式前照灯的结构

1—配光镜；2—灯泡；3—反射镜；
4—插座；5—接线盒；6—灯壳

图 4-1-3　全封闭式前照灯的结构

1—配光镜；2—反射镜；
3—插头；4—灯丝

（2）前照灯一般由灯泡、反射镜和配光镜三部分组成。

①灯泡。

分类：前照灯灯泡有充气灯泡、卤钨灯泡和高压（20 kV）放电氙灯等几种类型。图 4-1-4 所示为普通前照灯灯泡结构。

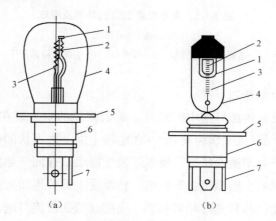

图 4-1-4　普通前照灯灯泡结构

(a)充气灯泡；(b)卤钨灯泡

1—配光屏；2—近光灯丝；3—远光灯丝；4—灯壳；5—定焦盘；6—灯头；7—插片

a. 充气灯泡。充气灯泡是从玻璃泡中抽出空气，再充以 86% 的氮和 14% 的氩的混合稀有气体。灯泡通电后，灯丝发热，稀有气体受热膨胀而产生较大的压力，可以减少钨的蒸发，延长灯泡的使用寿命。

b. 卤钨灯泡。卤钨灯泡是在充入的稀有气体中渗入某种卤族元素（卤素），如碘、溴等,利用卤钨再生循环防止钨丝蒸发。该种灯泡尺寸较小,外壳用耐高温、机械强度较高的石英玻璃或硬玻璃制成,可以被充入较高压力的气体,灯泡内工作气压高,也可抑制钨的蒸发。

再生循环的基本过程:灯泡通电后,灯丝由于发热蒸发出气态钨,与卤素发生反应形成某种挥发性的卤化钨,当卤化钨扩散到灯丝附近的高温区时,会受热分解使钨重新回到钨丝上,而释放出的卤素参与下次的循环反应。白炽灯泡发光效率一般为 8~12 Lm/W,卤钨灯泡发光效率为 18~20 Lm/W,比白炽灯泡高 20% 以上。由于卤钨灯泡体积小、耐高温、发光强度高、使用寿命长,故而目前得到广泛的应用。

c. 高压放电氙灯。高压放电氙灯由弧光灯组件、电子控制器和升压器三大部件组成。高压放电氙灯的外形及原理如图 4-1-5 所示。

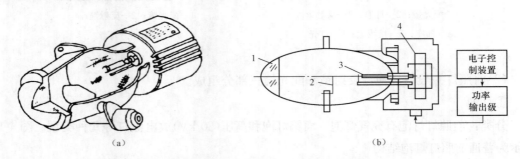

图 4-1-5 高压放电氙灯的外形及原理
(a)外形;(b)原理
1—透镜;2—遮光板;3—弧光灯;4—引燃及稳弧部件

高压放电氙灯工作原理如下:

这种灯的灯泡中没有传统灯泡中的灯丝,取而代之的是被装在石英管内的两个电极,管内充有氙气及微量金属(或金属卤化物)。在电极上加上数万伏的引弧电压后,气体开始电离而导电,气体原子处于激发状态,使电子发生能级跃迁而开始发光,电极间蒸发少量水银蒸气,光源立即引起水银蒸气弧光放电,待温度上升后再转入卤化物弧光灯工作。

高压放电氙灯的光色和日光灯非常相似,亮度是目前卤钨灯泡的 3 倍左右,寿命可达卤钨灯泡的 5 倍。其功率为 35 W,可节能 40%,目前,在中、高级轿车上高压放电氙灯式前照灯应用得较为广泛。

②反射镜。

反射镜的作用是将灯泡的光线聚合并导向远方。其材料为薄钢板、玻璃、塑料等。其特点是其表面形状是旋转抛物面,内表面镀银、铝或铬,再进行抛光处理。反射镜的外形及反射原理如图 4-1-6 所示。

③配光镜。

配光镜又被称为散光玻璃。它是用透光玻璃或塑料压制而成的,是很多块特殊棱镜和透镜的组合,其外形一般为圆形或矩形。配光镜的作用是将反射镜反射出的平行光束进行折射,使车前路面和路缘都有明亮而均匀的照明。配光镜的结构及折射机理如图 4-1-7 所示。

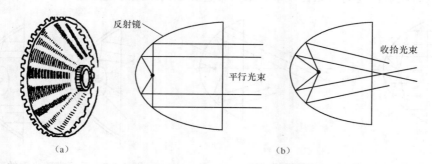

图 4-1-6　反射镜的外形及反射原理

(a)外形；(b)反射原理

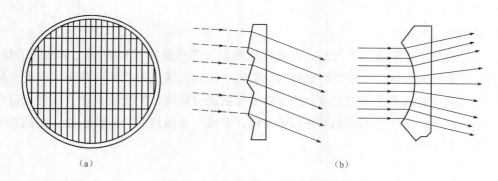

图 4-1-7　配光镜的结构及折射机理

(a)结构；(b)折射机理

3. 前照灯的防炫目措施

炫目是指当人的眼睛突然被强光照射时,人由于视神经受刺激而失去对眼睛的控制,本能地闭上眼睛,或只能看到亮光而看不见暗处物体的生理现象。

目前前照灯防炫目的措施有采用双丝灯泡、采用带遮光罩的双丝灯泡、采用非对称光形、采用 Z 形配光光形和具有光敏电阻的自动变光器电路等。

1)采用双丝灯泡

远光灯丝位于反射镜的焦点上,功率大,能照亮车前方 150 m 以外的路面。夜间行车,当对面无来车时,驾驶员可使用远光灯。

近光灯丝位于反射镜焦点的上方或前方,灯的功率小。夜间行车,当对面来车时,驾驶员可使用近光灯。由于光线较弱,且反射后大部分射向车前的下方,所以可避免使对方驾驶员炫目。双丝灯泡的远近光束如图 4-1-8 所示。

项目四 汽车照明和信号系统

2) 采用带遮光罩的双丝灯泡

遮光罩位于近光灯丝的下方,当使用近光灯时,遮光罩能将近光灯丝射向下部的光线遮挡住,无法反射,提高防炫目效果。采用带遮光罩的双丝灯泡如图 4-1-9 所示。

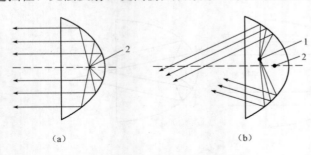

图 4-1-8 双丝灯泡的远近光束
(a)远光灯;(b)近光灯
1—近光灯丝;2—远光灯丝

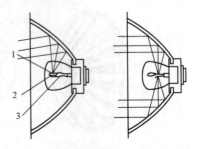

图 4-1-9 采用带遮光罩的双丝灯泡
1—近光灯丝;2—遮光罩;3—远光灯丝

3) 采用非对称光形

远光灯丝位于反射镜的焦点上,近光灯丝则位于焦点前方且稍高出光学轴线的位置,其下方装有金属配光屏,由近光灯丝射向反射镜上部的光线反射后倾向路面,而配光屏挡住了灯丝射向反射镜下半部的光线,故无向上反射能引起炫目的光线。在安装配光屏时应偏转一定的角度,使其近光的光形分布不对称,形成一条明显的明暗截止线。采用非对称光形如图 4-1-10 所示。

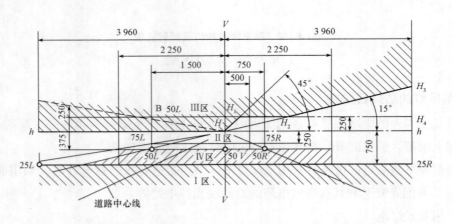

图 4-1-10 采用非对称光形(尺寸:mm;测试距离:25 mm)

4) 采用 Z 形配光光形

Z 形配光光形的明暗截止线呈 Z 形,它不仅解决了会车时驾驶员炫目的问题,还可以防止行人和非机动车使用者的炫目情况的发生。前照灯的配光形式如图 4-1-11 所示。

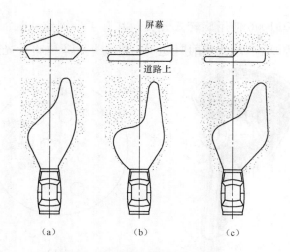

图 4-1-11 前照灯的配光形式
(a)标准型；(b)非对称型；(c)Z 形

5)具有光敏电阻的自动变光器电路

前照灯自动变光器是一种根据对方车辆灯光的亮度变远光为近光或变近光为远光的自动控制装置。

夜间两车相对行驶，相距 150～200 m 时，对方的灯光照射到自动变光器上，前照灯自动变光器就立即自动变远光为近光，从而有效地避免了远光给对方驾驶员带来的炫目，待两车相会后，变光器又自动变近光为远光，汽车即可恢复原来的行驶速度。

优点：首先是实现了自动控制，不需要驾驶员操纵，其次是它的体积小，性能稳定可靠且灵敏度高。

4. 前照灯电路

1)前照灯电路的组成

前照灯控制电路主要由灯光开关、变光开关、前照灯继电器及前照灯组成。

(1)灯光开关。其种类有拉钮式、旋转式、组合式。

①拉钮式开关有三个挡位、4 个接线柱，分别控制前照灯、位灯和尾灯，如图 4-1-12 所示。

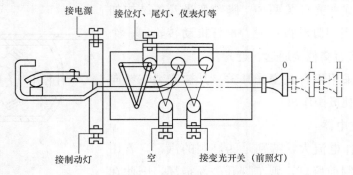

图 4-1-12 拉钮式前照灯开关

②旋转式开关。EQ1090使用旋转式开关，其有4个挡位、6个接线柱，分别控制位灯、前照灯、侧灯。EQ1090旋转式前照灯开关如图4-1-13所示。

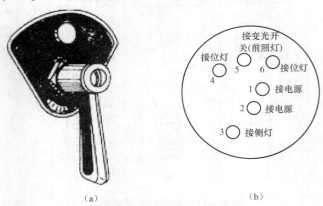

图 4-1-13　EQ1090 旋转式前照灯开关

③组合式开关：如图4-1-14所示，转动开关端部，可依次接通尾灯和前照灯。驾驶员将开关向下压，便由近光变远光；开关向上扳，亦可变为远光，松手后开关自动弹回近光位置。

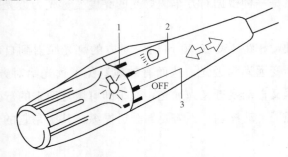

图 4-1-14　组合式前照灯开关

1—前照灯位置；2—尾灯位置；3—保持位置

(2) 变光开关。

变光开关可以根据需要切换远光和近光。它有脚踏变光开关和组合式变光开关两种。脚踏变光开关结构如图4-1-15所示。当用脚踏按钮时，推杆推动转轮向一个方向转动60°，从而交替接通远、近光。

目前车辆多采用组合式变光开关，其被安装在转向盘下方，便于驾驶员操作。

(3) 前照灯继电器。

前照灯的工作电流大，特别是四灯制的汽车，若用车灯开关直接控制前照灯，则车灯开关易损坏，因此在

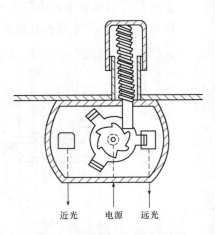

图 4-1-15　脚踏变光开关结构

灯光电路中设有灯光继电器。

图 4-1-16 所示为触点常开式前照灯继电器。端子 SW 与前照灯开关相连，端子 E 搭铁，端子 B 与电源相连，端子 L 与变光开关相连。接通前照灯开关后，继电器线圈通电，铁芯被磁化产生吸力，触点闭合，其通过变光开关向前照灯供电。

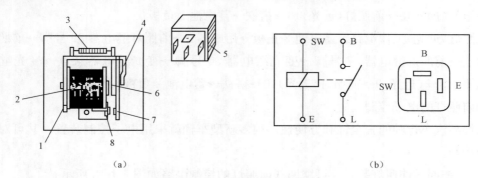

图 4-1-16　前照灯继电器
(a)结构；(b)引线端子
1—支架；2—线圈；3—弹簧；4—限位卡；
5—外形；6—衔铁；7—动触点；8—静触点

(4)前照灯。

前照灯的基本电路原理如图 4-1-17 所示。其电路由蓄电池、变光开关、熔断器、车灯开关、前照灯继电器、变光继电器、前照灯、远近光指示灯等组成。前照灯的工作过程如下(以控制火线式基本电路为例)。

前照灯继电器控制电路：蓄电池 2 正极→熔断器 4→车灯开关 5→前照灯继电器 85 号脚→前照灯继电器线圈→前照灯继电器 86 号脚→搭铁→蓄电池 2 负极。

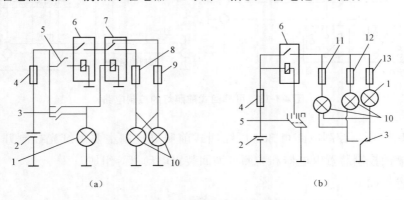

图 4-1-17　前照灯的基本电路原理
(a)控制火线式；(b)控制搭铁线式
1—远光指示灯；2—蓄电池；3—变光开关；4—熔断器；5—车灯开关；6—前照灯继电器；
7—变光继电器；8—熔丝(远光)；9—熔丝(近光)；10—前照灯；11，12，13—熔丝变光继电器控制电路：蓄电池2正极→变光开关3→变光继电器85号脚→变光继电器线圈→变光继电器86号脚→搭铁→蓄电池2负极。

前照灯（远光）工作电路：蓄电池2正极→熔断器4→前照灯继电器30号脚→前照灯继电器触点→前照灯继电器87号脚→变光继电器30号脚→变光继电器触点→变光继电器87号脚→熔丝（远光）8→前照灯（远光）10→搭铁→蓄电池2负极。

前照灯（近光）工作电路：蓄电池2正极→熔断器4→前照灯继电器30号脚→前照灯继电器触点→前照灯继电器87号脚→变光继电器30号脚→变光继电器触点→变光继电器87a号脚→熔丝（近光）9→前照灯（近光）10→搭铁→蓄电池2负极。

2）前照灯的电子控制装置

为提高汽车行驶的安全性和方便性，很多新型车辆就采用电子控制装置，其可对前照灯自动控制。

(1) 可缩回式前照灯装置。可缩回式前照灯的控制电路如图4-1-18所示。

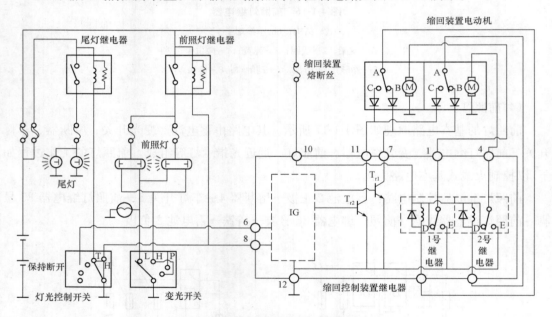

图 4-1-18　可缩回式前照灯的控制电路

由图4-1-18所示控制电路可知，可缩回式前照灯控制主要由灯光控制开关、变光开关、前照灯缩回控制装置继电器和前照灯缩回装置电动机等组成。

其工作过程如下：

缩回控制装置继电器的IG可根据端子6和8的变化，即灯光控制开关和变光开关的位置变化控制T_{r1}、T_{r2}通断，并与限位开关配合，控制缩回装置电动机的工作。端子6和8的状态与三极管T_{r1}、T_{r2}的导通关系如表4-1-1所示。

表 4-1-1　端子 6、8 的状态与三极管 T_{r1}、T_{r2} 的导通关系

端子 6 状态	端子 8 状态	三极管 T_{r1}	三极管 T_{r2}
搭铁	断开	截止	截止
断开	搭铁	导通	截止
断开	断开	截止	导通
断开	搭铁	导通	截止

以前照灯的升起为例说明具体过程。前照灯处于下降位置，限位开关触点 A 和 B 连接，灯光控制开关由 OFF 至 HOLD 位置，此时端子 6 由断开变为搭铁，端子 8 仍然断开，缩回装置电动机不工作，前照灯仍处于下降位置。当灯光控制开关由 HOLD 到 TAIL 位置时，端子 6 和 8 的状态未变，即端子 6 仍搭铁，端子 8 仍断开，缩回装置电动机仍不工作，前照灯仍在下降位置。此时，尾灯继电器电路被接通，于是尾灯亮。当灯光控制开关由 TAIL 至 HEAD 位置时，端子 6 由搭铁变为断开，端子 8 由断开变为搭铁，T_{r1} 接通，T_{r2} 仍截止。此时尾灯继电器、前照灯继电器电路均被接通，于是尾灯、前照灯均亮。

T_{r1} 接通时，电流自蓄电池正极→端子 10→1 号、2 号继电器线圈→端子 2 和 5→限位器触点 A、B→端子 7→T_{r1}→端子 12→搭铁→蓄电池负极，形成回路。1 号、2 号继电器线圈产生电磁吸力，迫使各自继电器触点由 E 侧转向 D 侧，电流自蓄电池正极流过两个内置继电器的触点 D 和端子 1、4，经两个缩回装置电动机搭铁，使两个缩回装置电动机工作，于是前照灯升起。当前照灯升至极限位置时，限位开关内的触点连接由 A、B 转变成 A、C，由于 T_{r2} 处于截止状态，内置继电器线圈无电流通过。在弹力作用下，两个内置继电器触点由 D 侧转向 E 侧，使缩回装置电动机停止工作。在此过程中，T_{r1} 被接通 10 s。

(2)前照灯关闭自动延时控制装置。

前照灯关闭自动延时控制装置的主要功能是：当汽车在夜间停入车库后，为驾驶员下车离开车库提供一段时间的照明，以免驾驶员摸黑走出车库造成事故。集成电路和继电器 J 组成的前照灯关闭自动延时控制电路如图 4-1-19 所示，其延时关闭时间为 50 s。

(3)前照灯昏暗自动发光器。

前照灯昏暗自动发光器的功用是在行驶中(非夜间行驶)，当车前自然光的强度降低到一定程度时，自动将前照灯的电路接通，以确保行车安全。前照灯昏暗自动发光控制系统电路如图 4-1-20 所示。它主要由光传感器和控制元件及晶体管放大器组件两大部分组成。

(4)随动转向大灯。

随动转向大灯即自动转向大灯，也可以被叫作自动头灯。随动转向大灯全称为汽车自适应前照灯系统(Adaptive、Front-Lighting、System，AFS)或者智能前照灯系统。自适应前照灯系统能够根据汽车转向盘角度、车辆偏转率和行驶速度，不断对大灯进行动态调节，适应当前的转向角，保持灯光方向与汽车的当前行驶方向一致，以确保为前方道路提供最佳照明，并为驾驶员提供最佳可见度，从而显著增强在黑暗中驾驶的安全性。在路面

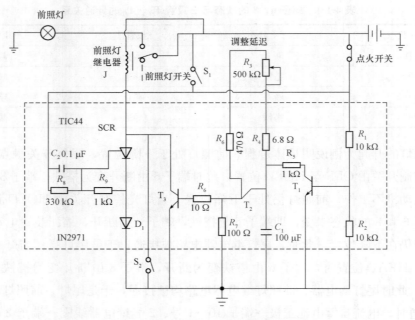

图 4-1-19 前照灯关闭自动延时控制电路

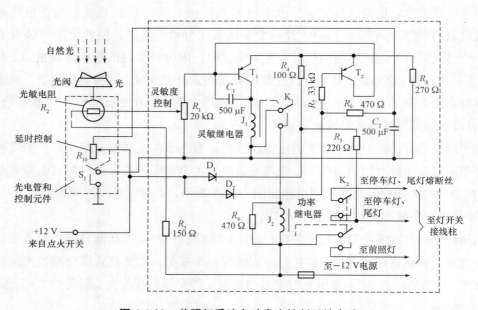

图 4-1-20 前照灯昏暗自动发光控制系统电路

照明差或多弯道的路况中，其既可以扩大驾驶视野，又可以提前提醒驾驶员对方来车。随动转向大灯工作情况如图 4-1-21 所示。

① 自适应前照灯系统的类型。

自适应前照灯系统主要分为静态系统和动态系统两种。

图 4-1-21 随动转向大灯工作情况

静态系统是指汽车运行在一个比较连贯且工况变化不大的工作模式。系统在工作开始时，接受来自悬挂装置的传感器信号以及 ABS 的车速信号，由此我们可以判断汽车的状态，静止不动或处于恒速状态，汽车一旦起动，系统就开始修正大灯的角度。

动态系统能在汽车所有的行驶条件下，保证大灯有合理的转动方向。汽车在刚起动时，动态系统和静态系统控制功能基本一致；但一旦汽车进入波动较大的工况时，ABS 的信号处理速度更快，几分之一秒就可以调整好灯光的角度，视野更为清晰。

② 自适应前照灯的结构。

汽车自适应前照灯由传感器组件、电控单元（大灯照程调节控制单元）、执行器（转弯灯光动态调节电机等）三大部分组成。

③ 自适应前照灯工作模式的条件。

外界因素主要包括外界光强度、雨水、雾天、行驶环境（城市或者郊区）、路况等。识别外界因素，我们需要用到光强度识别传感器和雨水传感器。当汽车进入隧道，或者在黄昏行驶时，随动转向大灯就会打开，补充照明的灯光；当外界光强度升高到系统限制的强度时，其自动关闭。汽车在城市行驶的过程中，我们必须考虑到车灯会给车的驾驶员造成干扰，一些晚上出现的交通事故的研究表明，交通事故主要是由于炫目造成的，特别是在路面水湿的情况下，更为严重。所以此时，具有自适应转向大灯汽车的前照灯，在垂直方向下偏转一定的角度，降低对会车驾驶员或者行人造成炫目的光照强度，对避免交通意外有重要的作用。奥迪 A6 汽车是通过 N395 左大灯防炫目调节电磁铁和 N396 右大灯防炫目调节电磁铁来调节的。

内部因素主要包括汽车自身的行驶状态，例如车速、制动、加速、转弯、悬挂高度等有关的信号。车辆在行驶过程中，加速或者满载时会向后倾，而制动时会向前倾，这样一来，势必造成汽车前照灯的灯光高度不同，路面不平也可以造成以上现象。当汽车转弯时，灯光会随着左转或右转而在两边留下一个盲区，影响交通安全，而奥迪 A6 是通过 V318 左大灯转弯灯光动态调节电动机和 V319 右大灯转弯灯光动态调节电动机来完成的。

任务二　汽车信号系统

一、信号系统的组成和功用

为保证汽车在各种条件下安全行车，提高汽车的行驶速度，汽车上就装有各种照明、信号、仪表设备和警报装置，其数量的多少和配置形式因车型而异，主要有照明灯、信号灯、警告灯、仪表、电子显示装置、发音装置、操纵控制装置等。

信号设备主要通过声、光信号向环境发出有关车辆运行状况或状态的信息，保证行车安全。

信号系统主要有转向信号、危险警报信号、位灯信号、尾灯信号、制动信号、倒车信号、喇叭等，这些都是驾驶员根据道路交通情况向其他车辆和行人发出的，带有较强的随机性，一般只由自身开关控制。如制动信号多由制动踏板联动控制；倒车灯多由变速杆倒挡轴联动控制，不用驾驶员特意操作即可接通；喇叭多被装在汽车前方，具有一定的声级（90～110 dB）；喇叭按钮多位于转向盘上，驾驶员手不离转向盘即可发出信号。

汽车的信号灯按其所处的位置不同可分为外部信号灯具和内部信号灯具两大类。外部信号灯具包括转向信号灯、危险警告灯、制动灯、倒车灯、位灯等；内部信号灯具包括指示灯、警告灯等。

（1）转向信号灯：表示汽车的运行方向。左、右转向信号灯分别指示闪光，灯光为黄色，功率为 20 W 以上。

（2）危险警告灯：表示有紧急情况，左、右转向灯同时闪光，灯光为黄色，功率为 20 W 以上。

（3）制动灯：被安装于汽车后面，其作用是在汽车制动停车或制动减速行驶时，向后车发出灯光信号，以警告尾随的车辆，防止追尾，灯光为红色，功率为 20 W 以上。

（4）倒车灯：其作用有两个，一个是向其他车辆和行人发出倒车信号；另一个是夜间倒车照明。灯光为白色，功率为 20 W 以上。

（5）位灯：位灯被安装在汽车前、后、左、右侧的边缘，用于汽车夜间行车时标志汽车的宽度和高度，因此也相应地被称为"示宽灯"和"示高灯"。位灯灯光标志在夜间 300 m 以外可见。前位灯的灯光为白色，后位灯的灯光多为红色，灯泡功率为 8～10 W。

（6）指示灯：指示某一系统是否处于工作状态。灯光为红色或绿色，功率为 2 W。如远、近光指示灯，转向指示灯，雾灯工作指示灯，空调工作指示灯，驻车制动指示灯，收放机工作指示灯，自动变速器挡位指示灯等。

（7）警告灯：被安装在仪表板上，用于监测汽车某一工作系统的技术状况，当出现异常情况时发出警告灯光信号。灯光为红色或黄色，功率为 2 W，如发动机故障警告灯、机油警告灯、水温警告灯等。

二、转向信号灯及危险警告灯

1. 转向信号灯的作用与组成

汽车转向信号灯主要的作用是指示车辆的转弯方向，以引起交通民警、行人和其他驾驶员的注意，提高车辆行驶的安全性。另外，当汽车转向信号灯同时闪烁被用作危险警报的指示。当接通危险报警信号开关时，所有转向信号灯同时闪烁，表示车辆遇紧急情况，请求其他车辆避让。根据 GB 7258—1997《机动车运行安全技术条件》规定，危险报警指示灯的操纵装置应不受点火开关和灯光总开关的控制。

转向信号灯系统主要由转向信号灯、闪光器、转向灯开关和转向指示灯等组成。

前、后转向信号灯，危险报警闪光灯及制动灯白天的可见距离为 100 m；侧转向信号灯白天的可见距离为 30 m；前、后位置灯和示廓灯夜间良好天气可见距离为 300 m。

转向信号灯闪烁是由闪光器控制电流通断实现的，闪光频率被规定为 60～120 次/min，要求信号效果好，而且亮暗时间比（通电率）在 3∶2 为佳。

汽车转向信号灯通常按照结构和工作原理的不同分为电热丝式、电容式、翼片式、水银式、晶体管式、集成电路式等。过去汽车转向信号灯闪光器多采用电热丝式结构，由于它们工作稳定性差、寿命短、信号灯的亮暗不够明显，故目前多采用结构简单、体积小、工作稳定、使用寿命长的电子式闪光器，即晶体管式闪光器和集成电路式闪光器两大类。

2. 闪光器

1）晶体管式闪光器

汽车使用比较广泛的电子式三脚闪光器实物如图 4-2-1 所示。

图 4-2-1　闪光器实物

晶体管式闪光器分为有触点晶体管式和无触点全晶体管式两种。

(1)图 4-2-2 所示为有触点晶体管式闪光器的电路。

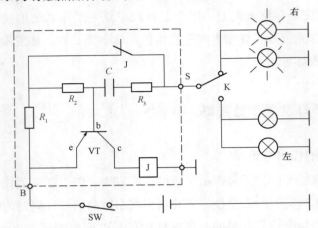

图 4-2-2　有触点晶体管式闪光器的电路

当汽车向左转弯时，转向开关 S 接通左转向灯，电流便从蓄电池正极→点火开关→电阻 R_1→触点 J→转向开关 S→左转向灯→搭铁→蓄电池负极，构成回路，左转向信号灯和指示灯被点亮。同时，R_1 上的电压降使三极管 VT 导通产生集电极电流。

集电极电流经继电器线圈 J 搭铁，继电器线圈 J 产生电磁吸力使触点 J 打开。于是蓄电池向电容 C 充电，使左转向灯的灯光变暗。随着充电时间的延长，充电电流减小，三极管 VT 的基极电位提高，偏流减小。

当基极电位接近发射极电位时，三极管 VT 截止，集电极电流消失，触点 J 又闭合，转向灯又被点亮，同时，电容 C 经 R_2、触点 P、R_3 放电。电容 C 放电完毕后，三极管 VT 的基极又恢复低电平，三极管 VT 重新导通，集电极电流又经继电器的线圈 J 产生电磁吸力使触点 J 打开，重复上述过程，使转向灯发出闪光。闪光器的闪光频率由电容 C 的充放电时间常数来决定。

(2)无触点全晶体管式闪光器的电路如图 4-2-3 所示，其工作原理如下。

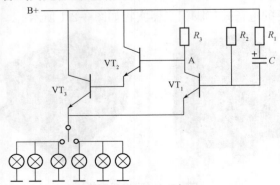

图 4-2-3　无触点全晶体管式闪光器的电路

接通转向灯开关，VT_1因正向偏压而饱和导通，VT_2、VT_3截止。由于VT_1的发射极电流很小，故转向灯较暗。同时，电源通过R对C充电，使VT_1的基极电位下降，当低于其导通所需正向偏置电压时VT_1截止。VT_1截止后，VT_2通过R_3得到正向偏置电压而导通，VT_3也随之饱和导通，转向灯变亮。此时，C经R_1、R_2放电，使VT_1仍保持截止，转向信号灯继续发亮。随着C放电电流减小，VT_1基极电位又逐渐升高，当高于其正向导通电压时，VT_1又导通，VT_2、VT_3又截止，转向信号灯又变暗。随着电容的充放电，VT_3不断地导通、截止，如此循环，使转向灯闪烁。

2) 集成电路闪光器

集成电路闪光器可以用通用集成电路制成，也可以用专用闪光器集成电路制成。

(1) 普通集成电路电子闪光器目前常采用双极时基电路，如图4-2-4所示的NE555。

此电路的外围元器件较少，因为采用的集成电路为普通型，所以成本较低。电路中闪光灯故障检测由干簧管继电器K_2完成，K_2具备起动检测和故障检测的功能，具有实用性，特别是K_2的干簧管线圈几乎不产生电压降、不发热，因此对大负荷工作很有利。继电器K_1的触点为动

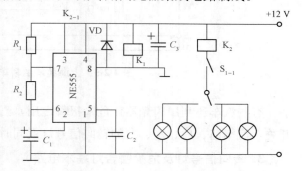

图 4-2-4　普通集成电路电子闪光器

断触点，当一个转向灯损坏时，另一个灯常亮。K_1的触点闭合是靠弹簧的复原力，压力较小，触点的接触电阻大。触点断开时却是由线圈通电后产生的磁力通过衔铁吸引开，这一力远远大于弹簧力，当触点出现黏合、铆合(由金属材料转移所产生)时，一般可以拉开。但以NE555制成的闪光器，在设计上未对汽车使用时可能出现的瞬态电压采取技术性保护，因此在装车使用中，其损坏较多。

(2) 专用集成电路电子闪光器。图4-2-5所示为上海桑塔纳轿车专用的电子闪光器，它的核心器件U243 B是一块低功耗、高精度的汽车电子闪光器专用集成电路，它的内部电路主要由输入检测器SR、电压检测器D、振荡器Z及功率输出SC极四部分组成。

输入检测器SR检测转向信号灯开关是否接通。振荡器Z由一个电压比较器和外接R_4及C_1构成。内部电路给比较器的一端提供了一个参考电压(其值的高低由电压检测器控制)，比较器的另一端则由外接R_4及C_1提供一个变化的电压，从而形成电路的振荡。

当振荡器工作时，输出极控制继电器线圈的电路，使继电器触点反复开、闭，于是转向信号灯和转向指示灯以 80 次/min 的频率闪光。

如果一只转向信号灯被烧坏，则流过取样电阻R_S的电流减小，其电压降减小，经电压检测器识别后，控制振荡器电压比较器的参考电压，从而改变振荡(即闪光)频率，则转向指示灯的闪光频率加快一倍，以示需要检修更换灯泡。

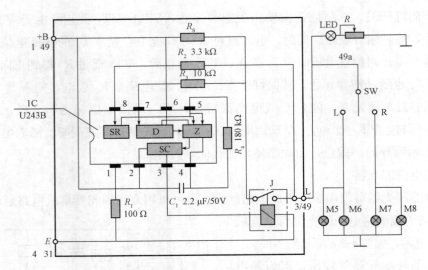

图 4-2-5　上海桑塔纳轿车专用的电子闪光器

有些汽车还利用闪光器作危险报警之用，当汽车出现危险情况时，只要接通危险报警开关，汽车前、后、左、右的转向信号灯就同时闪烁以示危险。

3. 转向信号灯及危险警告灯基本电路

转向信号灯及危险警告灯基本电路一般由左右转向信号灯、闪光器、危险报警开关等组成，如图 4-2-6 所示。

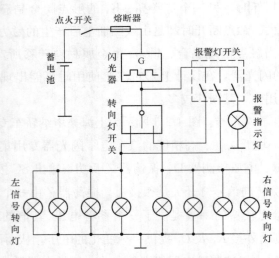

图 4-2-6　转向信号灯及危险警告灯基本电路

目前汽车上用的危险警告灯开关一般被安装在汽车的仪表盘上，标有红色三角符号。当按下危险警告灯开关时，危险警告灯回路被接通，汽车前、后、左、右四个转向信号灯同时闪烁，进行危险报警；再按一下此开关，则切断危险警告灯回路，危险警告灯停止闪烁。转向信号灯开关被安装在转向盘的下方，一般情况下如大灯开关、变光灯开关集成在一起形成组合灯开关。

三、制动信号灯

制动信号灯被安装在车辆尾部，作用是通知后面的车辆该车正在制动，以避免后面的车辆与该车后部相撞。其简化电路如图 4-2-7 所示。

制动信号灯由制动开关控制，制动开关的形式有气压式、液压式和机械式。

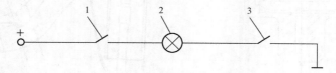

图 4-2-7　制动信号灯简化电路

1—电源总开关；2—制动信号灯；3—制动信号开关

1. 气压式制动信号灯开关

气压制动系统的制动信号通常由被安装在制动系统管路中或制动阀上的制动信号灯开关控制。气压式制动信号灯开关的结构如图 4-2-8 所示。

制动时，制动压缩空气推动橡皮膜片上拱，使触点闭合，接通制动灯电路。

2. 液压式制动信号灯开关

液压制动系统的制动信号灯一般由与制动踏板直接连动的机械行程开关控制，也可由被安装在制动回路上的液压式开关来控制。

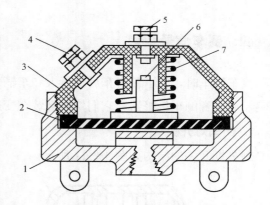

图 4-2-8　气压式制动信号灯开关的结构

1—壳体；2—膜片；3—胶木盖；
4，5—接线柱；6—触点；7—弹簧

液压式制动信号灯开关的结构如图 4-2-9 所示。当驾驶员踩下制动踏板时，制动系统中油液压力增大，膜片 2 向上拱曲，克服弹簧 5 的作用力使动触片 4 接通接线柱 6 和 7，制动信号灯通电发亮。当驾驶员松开制动踏板时，油液压力降低，动触片 4 在弹簧 5 的作用下复位，制动信号灯熄灭。

3. 机械式制动信号灯开关

机械式制动信号灯开关一般被安装在制动踏板的下方。机械式制动信号灯开关的结构如图 4-2-10 所示。当驾驶员踩下制动踏板时，制动开关内的活动触点使两个接线柱接通，制动灯亮。驾驶员松开制动踏板后，制动灯电路被断开。

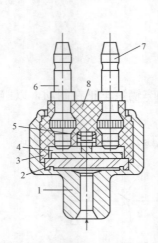
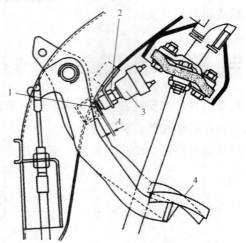

图 4-2-9　液压式制动信号灯开关的结构

1—管接头；2—膜片；3—壳体；4—动触片；
5—弹簧；6，7—接线柱及静触头；8—胶木

图 4-2-10　机械式制动信号灯开关的结构

1—制动踏板限制块；2—调整螺母；
3—制动开关；4—制动踏板

四、倒车信号装置

汽车倒车时，为了警告车后的行人和车辆驾驶员，汽车的后部就常装有倒车灯、倒车蜂鸣器或语音倒车报警器，它们均由被装在变速器盖上的倒车开关自动控制。

1．倒车灯开关

倒车灯开关的结构如图 4-2-11 所示：

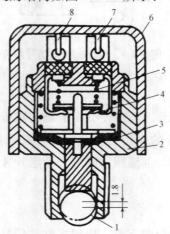
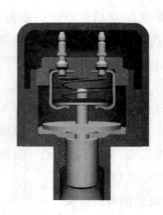

图 4-2-11　倒车灯开关的结构

1—钢球；2—壳体；3—膜片；4—触点；5—弹簧；6—保护罩；7，8—接线柱

· 110 ·

当驾驶员把变速杆拨到倒车挡时，倒车灯开关中的钢球被松开，在弹簧的作用下，触点闭合，倒车灯与电源接通工作。倒车灯开关一般情况下被安装在变速器上，有的倒车灯开关在自动变速器的换挡开关中。

2. 倒车蜂鸣器

倒车蜂鸣器是一种间歇发声的音响装置，倒车蜂鸣器工作电路如图 4-2-12 所示。其发音部分是一只功率较小的电喇叭，控制电路是一个由无稳态电路和反相器组成的开关电路。

3. 倒车灯基本电路

倒车灯基本电路由蓄电池、熔丝、倒车灯开关或自动变速器换挡开关、倒车灯、导线等组成，如图 4-2-13 所示。其工作原理为当变速杆处于倒挡时，倒车灯开关或自动变速换挡开关中的倒挡开关被接通，倒车灯的工作电流由蓄电池正极→熔丝→倒车灯开关→倒车灯→搭铁→蓄电池负极。

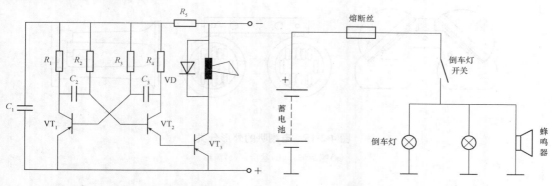

图 4-2-12　倒车蜂鸣器工作电路　　　　图 4-2-13　倒车灯基本电路

五、电喇叭

1. 电喇叭的作用和分类

汽车上都装有喇叭，作用是警告行人和其他车辆，以引起注意，保证行车安全。

喇叭按发声能量分为电喇叭和气喇叭。电喇叭是利用电磁力使金属膜片振动产生音响，其声音悦耳，适用于各种类型的汽车。对于重型载货汽车，大多使用的是气喇叭，它是利用气流冲击使金属膜片振动产生音响的，外形一般为长筒形。另外，图 4-2-14 所示为电动气喇叭结构原理，它主要由电动气泵和气喇叭两部分组成，驾驶员按下喇叭按钮时，直流电动机气泵运转，产生压缩空气，压缩空气直接通入喇叭使其发音。

电喇叭按外形分有螺旋形、盆形和筒形三种，如图 4-2-15 所示；按声频分有高音和低音两种；按接线方式分有单线制和双线制两种；按有无触点有普通电喇叭和电子电喇叭。普通电喇叭主要是靠触点的闭合和断开，控制电磁线圈激励膜片振动而产生声音的，电子电喇叭无触点，它是利用晶体管电路产生的脉冲激励膜片振动产生声音的。

项目四 汽车照明和信号系统

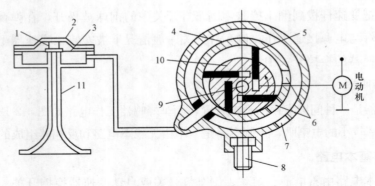

图 4-2-14 电动气喇叭结构原理

1—弹簧；2—盖；3—膜片；4—偏心腔体；5—刮片；6，7—进气口；
8—固定螺栓；9—电机轴；10—转子；11—传声筒

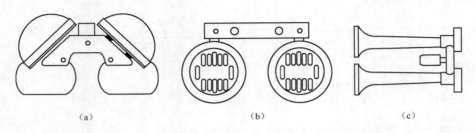

图 4-2-15 电喇叭的外形分类

(a)螺旋形；(b)盆形；(c)筒形

2. 盆形电喇叭(普通电喇叭)

盆形电喇叭的结构与工作原理如图 4-2-16 所示。电磁铁采用螺管式结构，铁芯上绕有励磁线圈，上、下铁芯间的气隙在线圈中间，所以能产生较大的吸力。它无扬声筒，而是将上铁芯、膜片和共鸣板装在中芯轴上。当电路被接通时，励磁线圈产生吸力，上铁芯被吸下与下铁芯撞击，产生较低的基本频率，激励膜片，并与和膜片连成一

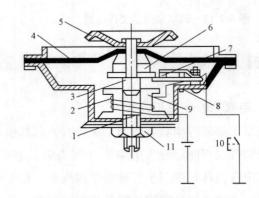

图 4-2-16 盆形电喇叭的结构与工作原理

1—下铁芯；2—线圈；3—上铁芯；4—膜片；5—共鸣板；6—衔铁；
7—触点；8—调整螺钉；9—电磁铁芯；10—按钮；11—锁紧螺母

体的共鸣板产生共鸣，从而发出比基本频率高得多且分布比较集中的谐音。为了保护触点，盆形电喇叭就在触点之间并联了一只灭弧电容器。

3. 筒形、螺旋形电喇叭

筒形、螺旋形电喇叭的结构如图 4-2-17 所示。其主要机件有山形铁芯、线圈、衔铁、

· 112 ·

膜片、共鸣板、扬声筒、触点以及电容器等。膜片和共鸣板借中心杆与衔铁、音量调整螺母、锁紧螺母连成一体。线圈的通断使膜片不断振动，从而发出一定音调的音波，由扬声筒加强后传出。

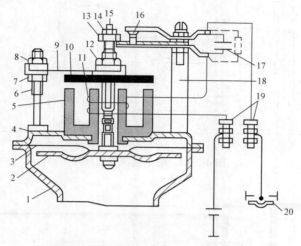

图 4-2-17　筒形、螺旋形电喇叭的结构

1—扬声筒；2—共鸣板；3—膜片；4—底板；5—山形铁芯；6—螺柱；7—音调调整螺母；
8、12、14—锁紧螺母；9—弹簧片；10—衔铁；11—线圈；13—音量调整螺母；
15—中心杆；16—触点；17—电容器；18—触点支架；19—接线柱；20—喇叭按钮

现在轿车的电喇叭在一般情况下是不能调节音量和音调的，因为出厂时已调至最佳状态，一般调好后不要调节。喇叭后面虽然有一个可以调节的螺丝，但出厂前就用胶密封好了，不建议调整。如果喇叭出现故障则直接更换。

4．电子电喇叭

目前轿车大多采用电子电喇叭，由于晶体三极管取代了触点，避免了触点烧蚀等故障的产生，电喇叭的工作性能更为可靠。它具有寿命长，音质好，不需调整，工作可靠等优点。电子电喇叭的电路由振荡电路和功率放大电路组成，如图 4-2-18 所示，其工作原理：如果振荡器的 VT_2 截止，则 VT_3 截止，此时 VT_4、VT_5 导通，喇叭线圈有电流通过，产生电磁力吸动膜片。如果振荡器的 VT_2 导通，则 VT_3 导通，此时 VT_4、VT_5 截止，喇叭线圈中无电流通过，膜片复位。调整 R_6 大小，就是调整 VT_3 截止时间的长短，即通过控制通电时间的长短，改变膜片的振幅，直接控制喇叭音调的高低。

5．喇叭继电器及电路

为了得到更加悦耳的声音，汽车上就常装有两个不同音调（高、低音）的喇叭。当汽车装用单只喇叭时，喇叭电流是直接由按钮控制的，按钮大多被装在转向盘的中心。当汽车装用双喇叭时，因为消耗电流较大（喇叭继电器 15～20 A），用按钮直接控制时，按钮容易被烧坏，为了避免这个缺点就采用喇叭继电器，图 4-2-19 所示为喇叭继电器电路。

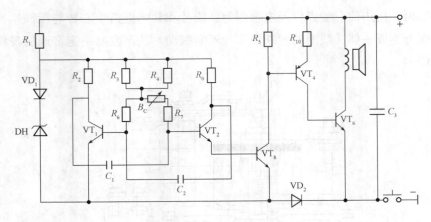

图 4-2-18 电子电喇叭的电路

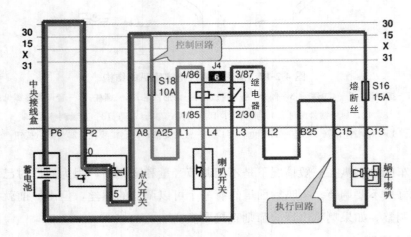

图 4-2-19 喇叭继电器电路

6. 电喇叭的调整

电子喇叭是不可调的。盆形喇叭在声音正常的情况下，也不需要调整，当喇叭声音不良时，我们应先检查触点，若有严重烧蚀，则应用砂条打磨并擦拭干净。如果喇叭声音仍然不良，则需要对喇叭进行调整，一般有音调调整和音量调整两部分，盆形电喇叭的调节如图 4-2-20 所示。

1）音调的调整

音调的高低取决于膜片的振动频率，若喇叭音调过高或过低，则可调整衔铁与铁芯之间

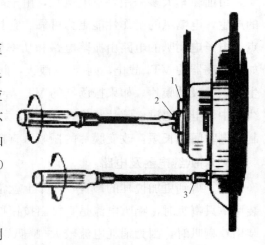

图 4-2-20 盆形电喇叭的调节

1—锁紧螺母；2—音调调整铁芯；3—音量调整螺栓

的间隙，低音喇叭为1.0～1.3 mm；高音喇叭为0.9～1.1 mm。一般减少间隙可提高膜片的振动频率，从而提高喇叭的音调，反之可降低音调。其方法是松开锁紧螺母，旋转铁芯螺栓，调至合适的音调时，再旋紧锁紧螺母。

2）音量的调整

电喇叭的音量大小与通过喇叭线圈的电流的大小有关，喇叭的工作电流大，膜片的振动幅值增大，喇叭发出的音量也就增大。线圈电流可以通过改变喇叭触点的接触压力来调整。若触点的接触压力增大，喇叭的音量则变大，盆形电喇叭一般可用音量调整螺栓来调整触点的接触压力。

练习

照明和信号系统

一、判断题（对的打"√"，错的打"×"）

1. 汽车前照灯远光应在车前50 m路面上得到明亮而均匀的照明。（ ）
2. 前照灯的光学组件包括反射镜、聚光玻璃和灯泡。（ ）
3. 前照灯的近光灯丝位于反射镜的焦点上，远光灯丝位于焦点的前上方。（ ）
4. 安装喇叭继电器的目的是保护喇叭按钮。（ ）
5. 电喇叭音调的高低取决于通过喇叭线圈中电流的大小。（ ）
6. 前照灯由灯泡、反射镜、配光镜三部分组成。（ ）
7. 前照灯继电器是用来保护变光开关的。（ ）
8. 牌照灯属于信号及标志用灯具。（ ）
9. 调整喇叭下铁芯可调整喇叭音调。（ ）
10. 汽车上安装喇叭继电器可防止喇叭开关触点被烧蚀。（ ）
11. 电喇叭的基本原理是通过控制电磁线圈激励膜片振动而产生声音。（ ）
12. 喇叭的音量越响越好。（ ）
13. 通常喇叭按钮控制喇叭继电器的搭铁电路。（ ）

二、选择题（单项选择题）

1. 电喇叭配用喇叭继电器是（   ）。
   A. 为了喇叭能通过较大的电流 B. 为了使喇叭的声音更响
   C. 为了提高喇叭触点的开闭频率 D. 为了保护按钮触点

2. 照明系统中所有灯都不亮，其常见原因是（   ）。
   A. 所有灯已坏 B. 灯总开关损坏 C. 变光开关损坏

3. 灯光继电器常见故障是（   ）。
   A. 触点烧蚀 B. 触点间隙不当 C. 触点松动 D. 触点氧化

项目四　汽车照明和信号系统

4. 前照灯的近光灯丝位于(　　)。
   A. 焦点上方　　　　B. 焦点上　　　　C. 焦点下方

5. 前照灯灯光暗的原因是(　　)。
   A. 电源电压低　　　　　　　　B. 熔丝烧断
   C. 发电机电压过大　　　　　　D. 灯光开关故障

6. 前照灯变光开关的作用是根据行驶与会车需要，实现远光与近光的(　　)。
   A. 开启　　　　　　　　　　　B. 关闭
   C. 变换　　　　　　　　　　　D. 以上三种说法均正确

7. 灯光不亮，喇叭不响，查看熔断器处于跳开状态，按下后又跳开，说明线路存在(　　)故障。
   A. 短路　　　　B. 断路　　　　C. 搭铁不良　　　　D. 接触不良

8. 造成喇叭不响的故障原因有(　　)。
   A. 喇叭按钮故障　　　　　　　B. 熔丝烧断
   C. 继电器故障　　　　　　　　D. 以上都正确

9. 如果要调节喇叭的音调，则应调整(　　)。
   A. 上铁芯　　　B. 下铁芯　　　C. 音量调整螺栓　　　D. 喇叭继电器

10. 电喇叭继电器搭铁或继电器触点烧结，均会导致电喇叭(　　)。
    A. 不响　　　　B. 长鸣　　　　C. 声音异常　　　　D. 音量过小

项目五

汽车仪表和警告灯系统

学习目标

1. 掌握汽车仪表电路的结构和工作原理。
2. 掌握汽车警告灯电路的结构和工作原理。

任务要求

1. 能对汽车仪表电路进行检测和分析。
2. 能对汽车警告灯电路进行检测和分析。

任务一　汽车仪表系统

一、汽车仪表系统的功用与组成

汽车仪表盘是反映车辆各系统工作状况的装置。常见的有燃油指示灯，清洗液指示灯，电子加速踏板指示灯，前、后雾灯指示灯及警告灯，汽车仪表总成如图 5-1-1 所示。

图 5-1-1　汽车仪表总成

不同汽车的仪表不尽相同。但是一般汽车的常规仪表有车速里程表、转速表、机油压力表、水温表、燃油表和电流表等。

现代汽车仪表盘制作了各式各样的指示灯或警告灯，例如冷却液液面警报灯、燃油量指示灯、清洗器液面指示灯、充电指示灯、远近光变光指示灯、变速器挡位指示灯、制动防抱死系统（ABS）指示灯、驱动力控制指示灯和安全气囊系统（SRS）警告灯等。

二、冷却液温度表的组成、功用与类型

冷却液温度表（俗称水温表）的工作电路由冷却液温度表和冷却液温度传感器两部分组成，冷却液温度表被安装在组合仪表内，冷却液温度传感器被安装在发动机气缸盖的冷却水套上。冷却液温度表的功用是指示发动机的工作温度。目前多数汽车同时使用冷却液温度表与冷却液警告指示灯。冷却液温度表按结构形式不同分为电热式和电磁式两种。

1. 电热式冷却液温度表

电热式冷却液温度表又被称为双金属片式冷却液温度表，其可与电热式冷却液温度传感器或热敏电阻式冷却液温度传感器配套使用。

1）电热式仪表-电热式传感器的冷却液温度表

(1)电热式仪表-电热式传感器的冷却液温度表的工作电路如图5-1-2所示。

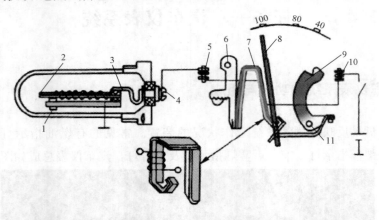

图 5-1-2　电热式仪表-电热式传感器的冷却液温度表的工作电路
1—固定触点；2,7—双金属片；3—接触片；4,5,10—接线柱；6,9—调节齿扇；8—指针；11—弹簧片

(2)结构特征。冷却液温度传感器的密封套筒内装有冷却液温度传感器双金属片2，上面绕有加热线圈，加热线圈的一端通过接触片3与接线柱4相连，另一端经固定触点1搭铁。

(3)工作原理。当电路接通冷却液温度不高时，冷却液温度传感器内双金属片2主要

依靠加热线圈产生变形,故冷却液温度传感器内双金属片2需较长时间的加热,才能使触点分开。触点被打开后,由于四周温度低散热快,冷却液温度传感器内双金属片2迅速冷却又使触点闭合。所以当冷却液温度低时,触点在闭合时间长而断开时间短的状态下工作,使流过冷却液温度表加热线圈中的平均电流值增大,冷却液温度表内双金属片7变形大,带动指针向右偏转指示低温。当冷却液温度高时,冷却液温度传感器内双金属片2周围温度高,触点的闭合时间短而断开时间长,流过冷却液温度表加热线圈中的平均电流值减小,冷却液温度表内双金属片7变形小,指针向右偏转角小而指示高温。

2)电热式仪表-热敏电阻式传感器的冷却液温度表

(1)结构特征。热敏电阻式冷却液温度传感器的主要元件为负温度系数的热敏电阻,即温度升高,电阻值下降;温度下降,电阻值上升。电热式仪表-热敏电阻式传感器的冷却液温度表工作电路如图5-1-3所示。

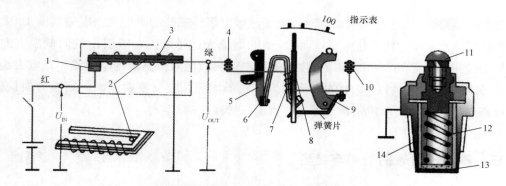

图 5-1-3 电热式仪表-热敏电阻式传感器的冷却液温度表工作电路
1—触点;2、6—双金属片;3、7—加热线圈;4、10、11—接线柱;5、9—调节齿扇;
8—指针;12—弹簧;13—热敏电阻;14—冷却液温度传感器外壳

(2)工作原理。点火开关S闭合,冷却液温度表电路被接通。当冷却液温度较低时,热敏电阻14阻值较大,冷却液温度表电路电流较小,冷却液温度表加热线圈7温度低,冷却液温度表内双金属片6的变形量较小,指针8指示低温;当冷却液温度较高时,热敏电阻14阻值小,冷却液温度表电路电流较大,冷却液温度表加热线圈7温度高,冷却液温度表内双金属片6的变形量较大,指针8指示高温(向表板顺时针方向偏转)。

2. 电磁式冷却液温度表

(1)结构。电磁式冷却液温度表一般由电磁式仪表和热敏电阻式冷却液温度传感器组成,而且不需要电源稳压器。电磁式冷却液温度表的工作电路如图5-1-4所示。电磁式冷却液温度表内有两个互成一定角度的铁芯,铁芯上分别绕有磁化线圈,其中磁化线圈L_1与冷却液温度传感器串联,磁化线圈L_2与冷却液温度传感器并联,两个磁化线圈的铁芯下端对着带指针的偏转衔铁。

项目五 汽车仪表和警告灯系统

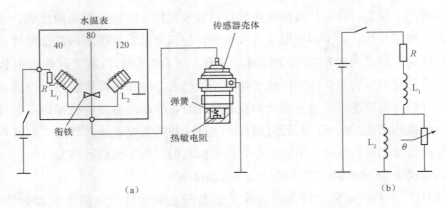

图 5-1-4 电磁式冷却液温度表的工作电路
(a)电磁式水温表工作电路；(b)电磁式水温表等效电路

(2)工作原理。当冷却液温度低时，由于热敏电阻传感器的阻值大，电磁线圈 L_1 上的分压值较低，所以 L_2 中的电流小，而 L_1 中的电流大、磁场强，吸引衔铁向低温方向偏转，使指针指向低温处；当冷却液温度高时，由于热敏电阻传感器的阻值减小，电磁线圈 L_1 上的分压值增大，所以 L_2 中的电流增大、磁场增强，吸引衔铁逐渐向高温方向偏转，使指针指向高温处。发动机正常工作时，水温一般在 85 ℃左右。

三、机油压力表的功用与类型

机油压力表的作用是指示发动机主油道上机油压力的大小，以便驾驶员了解发动机润滑系统工作是否正常。它由被装在发动机主油道上的机油压力传感器和仪表板上的机油压力指示表组成。

常用的机油压力表有双金属片式和电磁式两种。其中双金属片式机油压力表应用最为广泛。

1. 双金属片式机油压力表

(1)双金属片式机油压力表的结构如图 5-1-5 所示。机油压力表传感器内部装有弹性膜片，膜片下的油腔与发动机主油道相通，机油压力可直接作用在膜片上，膜片的上面顶着弓形弹簧片，弹簧片的一端与外壳固定搭铁，另一端的触点与双金属片端部触点接触，双金属片上绕有电热线圈，校正电阻与双金属片上的线圈并联。机油压力指示表内装有特殊形状的双金属片，它的直臂末端被固定在调节扇齿上，另一钩形悬臂端部与指针相连，其上也绕有电热线圈，线圈的两头构成指示表的两个接线柱。

(2)双金属片式机油压力表的工作原理。

当电源开关接通时，电流由蓄电池正极→点火开关→接线柱→指示表双金属片的电热线圈→接线柱→接触片→分两路(一路流经传感器双金属片的电热线圈；另一路流经校正

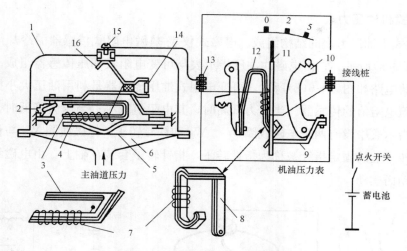

图 5-1-5 双金属片式机油压力表的结构

1—机油压力表传感器；2—调节齿轮；3、8、12—双金属片；4、9—弹簧片；5—膜片；
6—油腔；7—电热线圈；10—调节扇齿；11—指针；13、15—接线柱；14—校正电阻；16—接触片

电阻→双金属片)→传感器双金属片的触点→弹簧片→搭铁→蓄电池负极，构成回路。由于电流流过双金属片上的电热线圈，双金属片受热变形。双金属片由两种膨胀系数不同的金属制成，受热时，膨胀系数大的一面向膨胀系数小的一面弯曲。

当电路中有电流通过时，绕在传感器双金属片上的线圈产生热量，造成传感器双金属片受热弯曲，使触点断开，切断电路；而指示表双金属片受热弯曲，使指针偏转，指示机油压力的大小。当机油压力很低时，膜片几乎没有变形，作用在触点上的压力很小。

当电流流过、温度略有上升时，传感器双金属片就受热弯曲，使触点分开，切断电路并停止产生热量。一段时间后，双金属片冷却伸直，触点又闭合，电路又被接通。因此触点闭合时间短，而打开时间长，通过指示表电热线圈的平均电流值小，使指示表双金属片因温度较低而弯曲程度小，指针偏转角度很小，即指示较低的油压。

当机油压力升高时，膜片向上拱曲增大，加在触点上的压力增大，传感器双金属片需要在较高温度下，即其电热线圈通过较大电流较长时间后，才能弯曲到使触点分开。而触点分开后稍加冷却就会很快闭合。因此触点打开时间短，而闭合时间长，通过指示表电热线圈的平均电流值大，指针偏转角度增大，指示较高的油压。为使机油压力的指示值不受外界温度的影响，传感器双金属片就被制成"="形，其上绕有电热线圈的一边被称为工作臂，另一边被称为补偿臂。

当外界温度变化时，工作臂的附加变形被补偿臂的相应变形所补偿，使指示表的读数不变。在安装传感器时，必须使传感器壳体上的箭头向上，不应偏出±30°位置。这样可保证工作臂位于补偿臂之上，当工作臂产生的热气上升时，不致影响补偿臂，造成读数误差。

2. 电磁式机油压力表

(1)电磁式机油压力表的结构组成。电磁式仪表-热敏电阻式传感器的冷却液温度表的结构如图 5-1-6(a)所示。它由电磁式油压指示表与可变电阻式油压传感器组成。电磁式机油压力表等效电路如图 5-1-6(b)所示。可变电阻式油压传感器是利用油压大小推动滑臂来改变可变电阻电阻值的传感器。当压力升高时，其电阻值减小；当压力降低时，其电阻值增大。油压指示表中设有两个电磁线圈 W_1、W_2 和铁磁转子，电磁线圈 W_1 与传感器电阻并联连接。转子上的固定指针被称为指针转子，指针转子套装在轴上，由电磁线圈产生的合成磁场驱动而摆动。

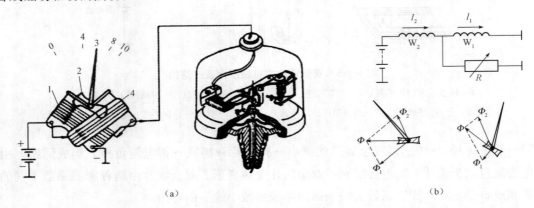

图 5-1-6　电磁式仪表-热敏电阻式传感器的冷却液温度表
(a)结构；(b)等效电路

(2)电磁式机油压力表的工作原理。当油压较低时，传感器电阻值较大，电磁线圈 W_2 上的分压值较低，流过线圈 W_2 的电流较小，流过 W_1 的电流较大，两个电磁线圈电流产生的合成磁场驱动转子和指针指向油压较低一边。

当油压升高时，传感器电阻值减小，电磁线圈 W_2 上的分压值升高，流过线圈 W_2 的电流增大，流过线圈 W_1 的电流减小，线圈电流产生的合成磁场驱动转子和指针向油压较高一边偏摆，从而指示油压升高。

电磁式机油压力表的优点是当电源电压变化时，通过线圈 W_1 和 W_2 的电流成比例地增大或减小，油压指示表指示的油压值不受电源电压变化的影响。

四、燃油表的作用与类型

燃油表的作用是指示油箱内的燃油量，它由传感器和指示表组成。传感器均为可变电阻式，指示表有电磁式和双金属片式两种。

1. 电磁式燃油表

电磁式燃油表的结构原理如图 5-1-7 所示。

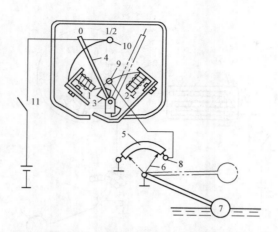

图 5-1-7 电磁式燃油表的结构原理

1—左线圈；2—右线圈；3—转子；4—指针；5—可变电阻；6—滑片；
7—浮子；8—传感器接线柱；9—接线柱；10—燃油表接线柱；11—点火开关

当点火开关置于 ON 时，电流由蓄电池正极→点火开关 11→燃油表接线柱 10→左线圈 1→接线柱 9→右线圈 2→搭铁→蓄电池负极，同时电流由接线柱 9→传感器接线柱 8→可变电阻 5→滑片 6→搭铁→蓄电池负极。左线圈 1 和右线圈 2 形成合成磁场，转子 3 就在合成磁场的作用下转动，使指针指在某一刻度上。

当油箱无油时，浮子下沉，可变电阻 5 上的滑片 6 移至最右端，可变电阻 5 被短路，右线圈 2 也被短路，左线圈 1 的电流达最大值，产生的电磁吸力最强，吸引转子 3，使指针停在最左面的"0"位。

随着油箱中油量的增加，浮子上浮，带动滑片 6 沿可变电阻滑动。可变电阻 5 部分接入电路，左线圈 1 中电流相应减小，而右线圈 2 中电流增大。转子 3 在合成磁场的作用下向右偏转，带动指针指示油箱中的燃油量。如果油箱半满，则指针指在"1/2"位；当油箱全满时，指针指在"1"位。

2. 双金属片式燃油表

双金属片式燃油表通过油面高低的变化改变可变电阻值的大小，从而改变与之串联的加热线圈电流，使双金属片变形推动指针，指示相应的燃油液面高度。其结构原理如图 5-1-8 所示。

由于电流流经加热线圈 2，双金属片式燃油表除与可变电阻值有关，还与供电电压有关。汽车的电源是蓄电池与发电机并联，两者的电位差一般为 2 V 左右，且发电机的端电压虽然经调节器调整，但受负载电流的影响也较大。因此，电源电压变化必然影响双金属片式仪表的测量精度。故用双金属片作指示仪表时，需加装稳压器。

当电源电压提高时，稳压器中加热线圈的电流增大，双金属片温度升高，使触点间接触压力减小，闭合时间缩短，打开时间增长，从而使加热线圈中的电流减小，端电压下

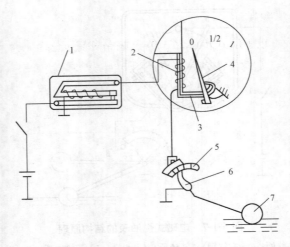

图 5-1-8 电热式双金属片式燃油表结构原理
1—稳压器；2—加热线圈；3—双金属片；4—指针；5—可变电阻；6—滑片；7—浮子

降；当电源电压下降时，稳压器中加热线圈的电流减小，双金属片温度降低，触点闭合时间增长，打开时间缩短，线圈中平均电流增大，端电压提高。这样就使指示仪表始终在一个比较稳定的电压下工作，减少了电源电压对仪表的影响。

当油箱无油时，浮子下沉，滑片 6 处于可变电阻 5 的最右端，传感器的电阻全部串入电路中，此时电路中电流最小，燃油表加热线圈 2 发热量小，双金属片 3 变形减小，带动指针 4 指在"0"位。

当油箱内油量增加时，浮子上升，滑片向左移动，串入电路中的电阻减小，电路中的电流增大。燃油表加热线圈 2 发热量大，双金属片 3 变形增大，带动指针 4 向右偏转。

当油箱被充满时，滑片移至最左端，将可变电阻短路，此时电路中电流最大，指针偏到最右边，指在"1"位。

五、发动机转速表的功用与分类

为了检查调整和监视发动机的工作状况，更好地掌握换挡时机，利用经济车速行驶等，汽车仪表盘就装设发动机转速表。发动机转速表用于指示发动机的运转速度。

发动机转速表分为机械式和电子式两种。机械式转速表（电磁感应式转速表）的结构原理与磁感应式转速表基本相同。电子式转速表指示平稳、结构简单、安装方便，因此小轿车广泛采用电子式转速表。

电子式转速表（电容充放电式转速表）获取转速信号的方式有三种，分别是从点火系统获取信号的转速表；测取飞轮（或正时齿轮）转速的转速表；从柴油机燃油供应系统获取转速信号的转速表。

1. 电磁感应式转速表

电磁感应式转速表由磁感应式传感器、电子电路和毫安表组成，其工作电路如图 5-1-9 所示。转速信号一般取自发动机曲轴信号，因此传感器一般被安装在飞轮壳上。

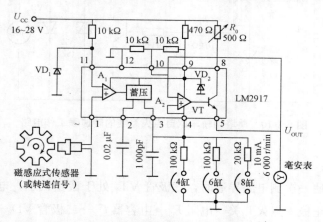

图 5-1-9　电磁感应式发动机转速表工作电路

电磁感应式发动机转速表是指采用磁感应式传感器检测发动机转速信号的电子式转速表。这种转速表既可测量汽油发动机转速，也可测量柴油发动机转速。因为当从点火系统初级电路中获取转速信号时，点火线圈次级绕组具有 250～350 V 的自感电动势，电子电路不便处理，所以采用传感器获取转速信号的转速表的汽油发动机汽车越来越多。

在电磁感应式转速表工作电路中，电子电路的核心部件是频率电压转换器 LM2907 或 LM2917。当飞轮转动时，齿顶与齿底不断地通过芯轴、空气隙的大小发生周期性变化，使穿过芯轴的磁通随之发生周期性变化，于是感应线圈感应出交变电动势。该交变电动势的频率与芯轴中磁通变化的频率成正比，也即与通过芯轴端面的飞轮齿数成正比。转速传感器信号被输入频率电压转换器后，经过频率电压转换器 LM2907 或 LM2917 内部电路进行处理，即可将反映发动机转速的频率信号转换为电压信号，这样毫安表便能随传感器输入信号频率的增加，平稳地指示发动机转速升高。

图 5-1-9 所示电路可适用于 4 缸、6 缸和 8 缸发动机。制作转速表，我们只需根据图 5-1-9 所示电路连接相应电阻值的电阻并将该电阻与负极连接。

2. 电容充放电式转速表

电容充放电式转速表由信号源、电子电路和指示表三部分组成。汽油发动机用电容充放电式转速表的转速信号一般取自点火系统的初级电路，如分电器触点或电子点火系统的点火线圈负极控制回路接线柱，因此可以节省一只转速传感器。桑塔纳轿车取自点火系统的转速表工作电路如图 5-1-10 所示。

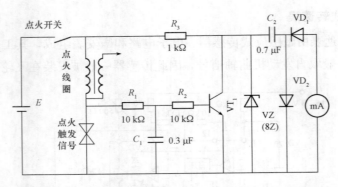

图 5-1-10　桑塔纳轿车取自点火系统的转速表工作电路

工作原理如下：

当点火控制器使一次侧电路导通时，三极管 VT_1 处于截止状态，电容 C_2 被充电。其充电电路为蓄电池正极→点火开关→电阻 R_3→电容器 C_2→二极管 VD_2→蓄电池负极。

当点火控制器使初级电路截止时，三极管 VT_1 的基极得正电位而导通，电容器 C_2 通过导通的三极管 VT_1、毫安表和 VD_1 构成放电回路，从而驱动电流表。C_2 的放电电路为电容器 C_2 正极→三极管 VT_1→毫安表→二极管 VD_1→电容器 C_2 负极。触点循环开闭，电路重复上述工作过程。二极管 VD_2 为电容器 C_2 提供充电回路，二极管 VD_1 为电容器 C_2 提供放电回路，C_2 的放电电流通过毫安表。因为电容器 C_2 每次充、放电电量 Q 与其电容量 C 和电容器两端电压 U 成正比，即 $Q=CU$，所以每个周期 T 内平均放电电流为 $I=Q/T=CU/T=CUf$。

在电源电压稳定，充电时间常数 $T=RC$ 不变的情况下，C 和 U 是固定值，则通过毫安表的电流平均值只与触点的开闭频率 f 成正比。因此，毫安表的读数即可直接反映发动机的转速。

六、车速里程表的功用与类型

车速里程表是用来指示汽车行驶速度和行驶里程数的仪表。行驶里程数又分为累计行驶里程数和单程行驶里程数两种。

车速里程表按工作原理不同可分为磁感应式和电子式两种。

1. 磁感应式车速里程表

磁感应式车速里程表由变速器（或分动器）内的蜗轮蜗杆经软轴驱动。其基本结构如图 5-1-11 所示。车速表是由与主动轴紧固在一起的永久磁铁 1、带有轴及指针 6 的感应罩 2、磁屏 3 和紧固在车速里程表外壳上的刻度盘 5 等组成。里程表由蜗轮蜗杆机构和六位数字的十进位数字轮组成。

任务一 汽车仪表系统

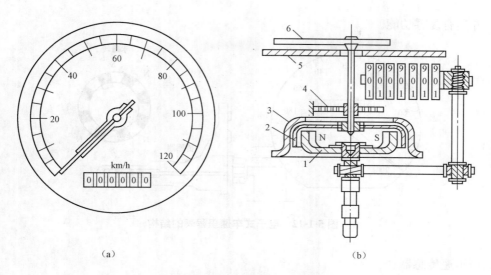

图 5-1-11 磁感应式车速里程表
(a)里程表；(b)车速表
1—永久磁铁；2—感应罩；3—磁屏；4—游丝；5—刻度盘；6—指针

1）车速表的结构与原理

当发动机不工作时，感应罩2在游丝4的作用下，使指针6指在刻度盘5的零位。当汽车行驶时，主动轴带着永久磁铁1旋转，永久磁铁的磁力线穿过感应罩2，在感应罩2上感应出涡流，感应罩2在电磁转矩作用下克服游丝4的弹力，向永久磁铁1转动的方向旋转，直至与游丝4弹力平衡。由于涡流的强弱与车速成正比，指针转过角度与车速成正比，指针便在刻度盘上指示出相应的车速。

2）里程表工作原理

当汽车行驶时，软轴带动主动轴，主动轴经三对蜗轮蜗杆驱动里程表最右边的第一数字轮。第一数字轮上的数字为 1/10 km，每两个相邻的数字轮之间的传动比为 1∶10，即当第一数字轮转动一周，数字由9翻转到0时，便使相邻的左面第二数字轮转动 1/10 周，成十进位递增。这样汽车行驶时，就可累计出其行驶里程数，最大读数为 99 999.9 km。

2. 电子式车速里程表

电子式车速里程表是用变速器输出轴上的传感器获取车速信号，并通过导线传输信号，能够克服磁感应式车速里程表用钢缆软轴传输转矩带来的磨损等缺点。电子式车速里程表还具有精度高、指示平稳和寿命长等优点。因此，现代汽车特别是小轿车普遍采用电子式车速里程表，国产桑塔纳2000型、奥迪100型轿车都采用了电子式车速里程表。

1）电子式车速里程表的结构组成

电子式车速里程表的结构如图 5-1-12 所示，主要由车速传感器、电子电路、车速表和里程表四部分组成，既能指示汽车行驶速度，又能记录行驶里程（包括累计里程和单程里

· 127 ·

程),并具有复零功能。

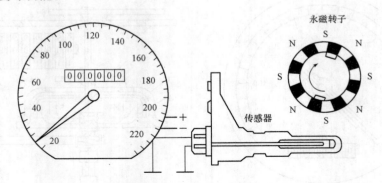

图 5-1-12　电子式车速里程表的结构

(1)车速传感器。

车速传感器一般采用舌簧开关式或磁感应式传感器,由变速器驱动,能够产生与汽车行驶速度成正比的电信号。桑塔纳 2000 型、奥迪 100 型轿车采用舌簧开关式传感器,其工作原理如图 5-1-13 所示。舌簧开关式传感器由一个舌簧开关和一个具有 4 对磁极的转子组成。转子每转一周,舌簧开关中的触点闭合 8 次,产生 8 个脉冲信号,汽车每行驶 1 km,车速传感器将输出 4 127 个脉冲信号。

(2)电子电路。

电子电路是将车速传感器送来的具有一定频率的电信号,经整形、触发输出一个与车速成正比的电流信号。如图 5-1-14 所示,该电子电路主要包括稳压电路、单稳态触发电路、恒流源驱动电路、64 分频电路和功率放大电路。车速表的指示精度由可变电阻 R_1 调节,初始工作电流由电阻 R_2 调节,电阻 R_3 和电容 C_3 用于电源滤波。

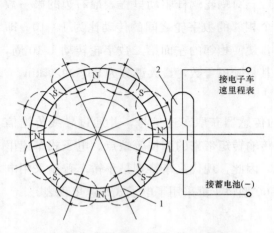

图 5-1-13　舌簧开关式传感器
1—信号转子;2—舌簧开关

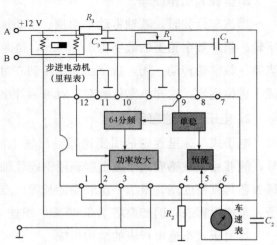

图 5-1-14　电子式车速里程表电子电路

2)电子式车速里程表的工作原理

(1)车速表工作原理。

车速表实际上是一个磁电式电流表,当汽车以不同车速行驶时,从电子电路接线端6输出的与车速成正比的电流信号便驱动车速表指针偏转,指示相应的车速。车速表刻度盘上50~130 km/h的区域用红色标志,表示经济车速区域。

(2)里程表工作原理。

里程表由一个步进电动机及六位数字的十进位齿轮计数器组成。步进电动机是一种利用电磁铁的作用原理将脉冲信号转换为线位移或角位移的电动机。车速传感器输出的频率经64分频电路后,经功率放大器放大到具有足够的功率,驱动步进电动机,带动六位数字的十进位齿轮计数器工作从而积累行驶的里程。

累计里程和单程里程的任何一位数字轮转动一圈,进位齿轮就会使其左边的相邻计数轮转动1/10圈。车速里程表上设有一个单程里程计复位杆,当需要清除单程里程时,驾驶员只需按一下复位杆,单程里程计的4个数字轮就会全部复位为零。

任务二　汽车警告灯系统

一、汽车警告灯系统的功用和组成

为了便于驾驶员随时了解汽车各个主要系统的工作情况,及时发现问题、采取措施,防止发生人身和机械事故,保证汽车可靠而安全地行驶,汽车上就安装了一些报警信号装置,用来监测和反映汽车、发动机的一些重要系统的工作情况。汽车报警装置可分为车内报警和车外报警两类;按工作原理可分为警告灯和监视器两类。报警装置在被监测的系统或总成工作或状态等不正常时工作,提醒驾驶员注意问题。

车内报警装置一般由传感器和红色警告灯组成。警告灯又被称为警报灯,当被监测的部件或系统工作失常时,警告灯电路自动接通发亮报警,提醒驾驶员采取措施。如机油压力警告灯、冷却液温度过高警告灯、燃油不足警告灯、气压过低警告灯、空气滤清器堵塞警告灯、制动气压过低警告灯、制动液面过低警告灯和制动信号灯电路断路警告灯等。警告灯常见图形符号和含义如表5-2-1所示。

一般警告灯和警告灯开关串联后接入电路,警告灯开关监视相应值,并按照设定条件动作,接通警告电路,点亮警告灯。警告灯工作电路如图5-2-1所示。

项目五 汽车仪表和警告灯系统

图 5-2-1 警告灯常见图形符号和含义

燃油	（水）温度	油压	充电指示	转向指示灯	远光
近光	雾灯	手制动	制动失效	安全带	油温
示廓（宽）灯	真空度	驱动指示	发动机室	行李室	停车灯
危急报警	风扇除霜	风机	刮水/喷水器	刮水器	喷水器
车灯开关	阻风门	喇叭	点烟器	后刮水器	后喷水器

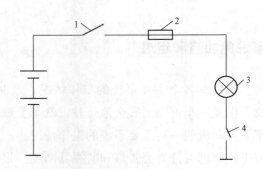

图 5-2-1 警告灯工作电路

1—电源开关；2—熔断器；3—警告灯；4—报警开关

二、监视器及控制电路的功用及类型

监视器的主要作用是反映灯光信号系统是否工作正常，常见的有前照灯监视器和尾灯监视器。

1. 前照灯监视器

前照灯监视器有光导纤维式和感应式两种类型。

(1)光导纤维式前照灯监视器。光导纤维式前照灯监视器原理如图 5-2-2 所示。

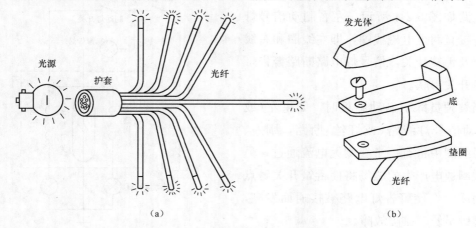

图 5-2-2　光导纤维式前照灯监视器原理
(a)光导纤维发光原理；(b)前照灯监视器原理

(2)感应式前照灯监视器。感应式前照灯监视器电路如图 5-2-3 所示。

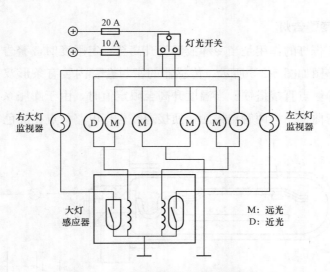

图 5-2-3　感应式前照灯监视器电路

2. 尾灯监视器

驾驶员在驾驶座位上利用尾灯监视器即可检查尾灯及制动灯的工作情况，通常尾灯监视器有两种形式，一种是采用光导纤维的传光线式；另一种是感应式，采用电路设计，将警告灯装在仪表板上。

(1)光导纤维式尾灯监视器。光导纤维式尾灯监视器的原理与光导纤维式前照灯监视器相同。

(2)感应式尾灯监视器。感应式尾灯监视器电路如图 5-2-4 所示。左右制动信号灯电路连接有两个电磁线圈,即左线圈和右线圈,以及舌簧开关,信号灯电路断路警告灯与舌簧开关串联。

当驾驶员踩下制动踏板时,如果左(或右)制动信号灯线路(或灯丝)断路,则左、右电磁线圈中将有一个线圈无电流通过,另一个线圈通电产生的磁场将使舌簧开关触点磁化而闭合,使警告灯电路被接通而发亮,提醒驾驶员及时排除故障。

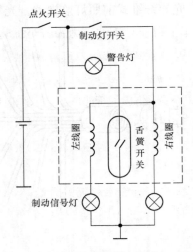

图 5-2-4 感应式尾灯监视器电路

三、警告灯及报警开关的功用与类型

1. 冷却液温度警告灯

冷却液温度警告灯的作用是当冷却液温度升高至一定限度时,警告灯自动点亮,以示报警。其工作电路图如图 5-2-5 所示。传感器的密封套管内装有条形双金属片,其自由端焊有动触点,而静触点直接搭铁。当温度升高至限定值时,由于膨胀系数的不同,双金属片向静触点方向弯曲,一旦两触点接触,便接通警告灯电路,点亮红色警告灯。

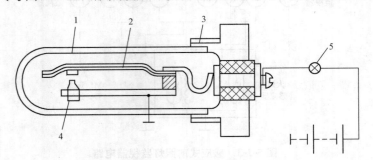

图 5-2-5 警告灯工作电路

1—壳体;2—双金属片;3—安装螺纹;4—静触点;5—警告灯

2. 机油压力报警装置

汽车润滑系统除了装有机油压力表,还装有机油压力报警装置。

机油压力过低,警告灯为红色警告灯,其功用是当润滑系统的机油压力降低到一定值(50~90 kPa)时,警告灯电路自动接通而警告灯发亮,提醒驾驶员及时检修,避免损坏发动机。

汽车上目前与机油压力警告灯配套使用的传感器有弹簧管式和膜片式两种。

(1) 弹簧管式机油压力过低警告灯。

弹簧管式机油压力过低传感器如图 5-2-6 所示。传感器借螺纹安装在发动机润滑系统主油道上,主油道润滑油压力直接作用到弹簧管内。

当点火开关接通、发动机润滑系统主油道润滑油的压力低于 50～90 kPa 时,弹簧管变形量小,动触点与静触点接触,警告灯电路接通而发亮,提醒驾驶员停止发动机运转并及时检修。

(2) 膜片式机油压力过低警告灯。

膜片式机油压力警告灯传感器如图 5-2-7 所示。传感器通过螺纹被安装在发动机润滑系统主油道上,主油道润滑油压力直接作用到膜片上。其通过机油压力警告灯点亮和熄灭反应润滑系统的工作状态。

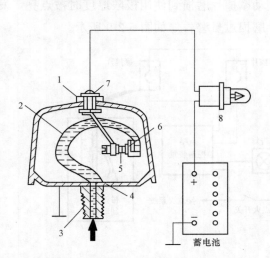
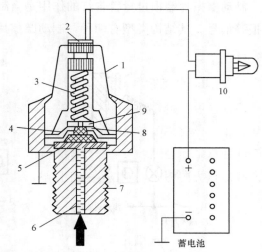

图 5-2-6　弹簧管式机油压力过低传感器

1—绝缘层;2—管形弹簧;3—固定螺口;
4—发动机润滑油;5—静触点;6—动触点;
7—接线柱;8—警告灯

图 5-2-7　膜片式机油压力警告灯传感器

1—绝缘层;2—接线柱;3—弹簧;4—绝缘顶块;
5—橡胶膜片;6—发动机润滑油;7—固定螺口;
8—静触点;9—动触点;10—警告灯

3. 燃油不足警告灯

热敏电阻式燃油不足警告灯电路如图 5-2-8 所示。其报警开关为热敏电阻式,被装在油箱内。

当油箱内燃油量多时,负温度系数的热敏电阻元件浸没在燃油中,散热快,温度较低,电阻值较大。因此,电路中几乎没有电流,警告灯不亮。

而当燃油量减少到规定值以下时,热敏电阻元件露出油面,散热较慢,温度升高,电阻值减小,电路中电流增大,则警告灯被点亮。

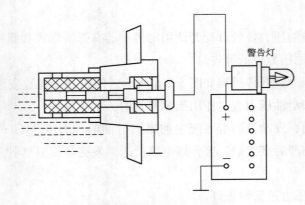

图 5-2-8　热敏电阻式燃油不足警告灯电路

4. 制动摩擦片磨损过量警告灯

制动摩擦片磨损过量警告灯的作用是当制动摩擦片磨损到使用极限厚度时被点亮，发出报警信号。其结构类型有两种，制动摩擦片磨损过量警告灯如图 5-2-9 所示。

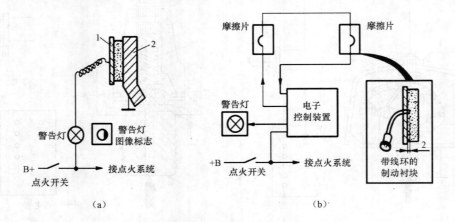

图 5-2-9　制动摩擦片磨损过量警告灯
(a)一个金属触点被埋在摩擦片内部；(b)一段导线被埋在摩擦片内部
1—摩擦片衬块；2—制动盘

图 5-2-9(a)所示的装置是将一个金属触点埋在摩擦片内部。当摩擦片磨损至使用极限厚度时，金属触点就会与制动盘(或制动鼓)接触而使警告灯与搭铁接通，仪表板上的警告灯便会亮起，以示警告。

图 5-2-9(b)所示的装置则是将一段导线埋设在摩擦片内部，该导线与电子控制装置相连。当接通点火开关后，电子控制装置便使摩擦片内埋设的导线通电数秒钟，进行检查，如果摩擦片已磨损到使用极限厚度，并且埋设的导线已被磨断，电子控制装置则使警告灯亮起，以示制动摩擦片需要更换。

5. 制动液液面警告灯

制动液液面警告灯的传感器被安装在制动液储液筒上，工作电路如图 5-2-10 所示。传感器外壳内装有舌簧管、两接线柱中的其中一个接电源（12 V），另一个接警告灯，浮子上装有永久磁铁。当浮子随着制动液面下降到规定值时，永久磁铁吸力作用使舌簧管触点闭合，

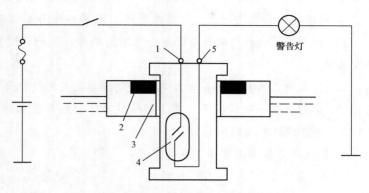

图 5-2-10　制动液液面警告灯工作电路
1—接线柱；2—永久磁铁；3—浮子；4—舌簧开关；5—接线柱

接通警告灯电路，点亮警告灯，以示警告。当补充制动液使制动液液面上升时，浮子带动永久磁铁上升，对舌簧管吸力作用减弱，舌簧管在自身弹力作用下使触点张开，切断警告灯电路，使警告灯熄灭。

在点火开关接通的情况下，当浮子随制动液液面下降到规定值时，永久磁铁的磁场使舌簧开关触点磁化而闭合，接通警告灯电路而警告灯发亮，提醒驾驶员及时补充制动液。

练习

报警装置

一、判断题（对的打"√"，错的打"×"）

1. 汽车油压传感器可以依靠其内部膜片弯曲程度的大小来传递油压的增高或降低。（　　）
2. 汽车的发动机转速信号来源于曲轴位置传感器。（　　）
3. 燃油不足警告灯装置采用热敏电阻与警告灯串联的方法来控制警告灯电路的接通和切断。这里的热敏电阻，当燃油量低于规定值时，其电阻值将升高而不是降低。（　　）
4. 所有转向灯都不亮，可能是闪光器损坏。（　　）
5. 倒车警告器与倒车灯应由倒车开关直接控制。（　　）
6. 双金属电热式水温表，是利用了负温度系数热敏电阻的基本特性。当水套中水温上升时，热敏电阻值迅速地增大。（　　）
7. 当水温升高时，汽车水温表传感器中的双金属片变形量逐渐减小，使电路中触点间压力减小，于是通过绕在水温表双金属片上加热线圈内的电流平均值减小，所以其变形减小，使指针指示较高的位置。（　　）
8. 当发动机润滑系统主油道中的机油压力高于正常值时，油压传感器中膜片在油压

作用下，向下弯曲，接通仪表盘上低压警告灯回路而使警告灯发亮。（　　）

9. 车速报警装置由速度表、速度开关、电源和蜂鸣器组成。（　　）

10. 电气式机油表的电路系统与外壳间的绝缘，应能经受频率为 50 Hz、电压为 650 V 的交流电。（　　）

11. 空载特性是指无负荷时发电机端电压与负荷的变化规律。（　　）

12. 燃油表在一般情况下应将下接线柱与电源线相接。（　　）

二、选择题（单项选择题）

1. 机油压力报警装置常见的类型是（　　）。
   A. 膜片式　　　　B. 电热式　　　　C. 电磁式

2. 双金属电热式水温表，是利用了负温度系数热敏电阻的基本特性。当水套中水温度上升时，热敏电阻值迅速地（　　）。
   A. 减小　　　　B. 增大　　　　C. 不变　　　　D. 缓慢地减小

3. 车用机油压力表中的双金属片被电流加热时，只有在它的工作臂和补偿臂两者温度差距大时，才发生触点的（　　）。
   A. 分开　　　　B. 闭合　　　　C. 烧蚀　　　　D. 时闭时开

4. 转向信号灯的闪光频率一般为 65～120 次/min，最为合适的是（　　）。
   A. 65～70 次/min　　B. 70～90 次/min　　C. 90～110 次/min　　D. 110～120 次/min

5. 汽油表应能承受浮子由空位→满位→空位的循环运动，要求速度为 20～30 次/min 的试验。进行鉴定时，这样的循环要连续运行（　　）。
   A. 3 000 次　　　B. 5 000 次　　　C. 10 000 次　　　D. 2 000 次

6. 电热式闪光继电器触点刚闭合时，电流通过线圈产生磁场而使触点（　　）。
   A. 闭合更牢　　B. 断开　　　　C. 烧蚀　　　　D. 变形

7. 当同一支路几个串联蓄电池的容量不同时，其充电电流应（　　）。
   A. 按容量最大者选择　　　　　　B. 按离电源正极最近者选择
   C. 按容量最小者选择　　　　　　D. 所有容量的平均值选择

8. 下列关于警示灯说法正确的是（　　）。
   A. 接通点火开关，安全带未系时，安全带指示灯被点亮
   B. 驻车制动松开时，驻车制动指示灯被点亮
   C. 充电指示灯亮即蓄电池处于充电状态
   D. 当点火开关置于 ON 位置时，仪表盘上的警告灯熄灭

项目六

汽车辅助电气设备

学习目标

1. 掌握汽车刮水器与玻璃清洗装置的组成和工作原理。
2. 掌握汽车电动车窗、电动后视镜、中控锁系统的组成和工作原理。
3. 了解汽车音响设备的组成和电路原理。

任务要求

1. 会检测汽车刮水器与玻璃清洗装置并分析。
2. 会解决汽车电动车窗、电动后视镜、中控锁系统相关设备的简单问题。
3. 会检测汽车音响设备并分析。

任务一 汽车刮水器与玻璃清洗装置

一、汽车刮水器的功用与组成

1. 汽车刮水器的功用与结构

汽车刮水器的功用是清除风窗玻璃上的雨水、雪或尘土，以保证驾驶员良好的能见度。汽车刮水器有前风窗刮水器和后风窗刮水器两种。因驱动装置不同，刮水器有真空式、气动式和电动式三种。目前车辆上广泛使用的是电动刮水器。

电动刮水器主要由直流电动机、蜗轮箱、曲柄、连杆、摆杆和刮水片等组成，电动刮水器的结构如图6-1-1所示。

通常电动机和蜗轮箱结合成一体组成刮水器电动机总成，曲柄、连杆和摆杆等杆件可以将蜗轮的旋转运动转变为摆臂的往复摆动，使摆臂上的刮水片实现刮水动作。

项目六 汽车辅助电气设备

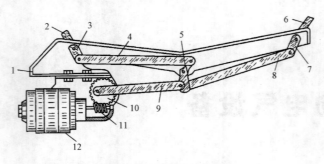

图 6-1-1 电动刮水器的结构

1—底板；2，6—刷架；3，5，7—摆杆；4，8，9—连杆；10—蜗轮；11—蜗杆；12—电动机

2. 电动刮水器电动机

电动刮水器电动机有绕线式和永磁式两种。永磁式刮水电动机体积小，质量轻，结构简单，使用广泛。

1) 电动刮水器电动机的结构

永磁式电动刮水器电动机主要由外壳、磁铁总成、电枢、电刷安装板、复位开关(铜环及触点)、输出齿轮及蜗轮、输出臂等组成。其结构如图 6-1-2 所示。

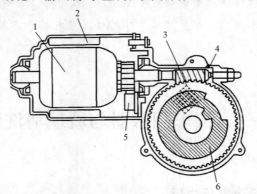

图 6-1-2 电动刮水器电动机的结构

1—电枢；2—永久磁铁；3—触点；4—蜗轮；5—电刷；6—铜环

电动机电枢通电即开始转动，以蜗杆驱动蜗轮，蜗轮带动摇臂旋转，摇臂使连杆往复运动，从而带动刮水片左右摆动。电动刮水器的工作状态如图 6-1-3 所示。

2) 电动刮水器电动机的变速原理

为满足实际使用的要求，电动刮水器电动机有低速、高速和间歇三个挡位，且在任意时刻刮水结束后，刮水片均能回到风窗玻璃最下端，即自动复位。

永磁式刮水电动机是利用 3 个电刷来改变正、负电刷之间串联线圈的个数实现变速的，其工作原理如图 6-1-4(a)所示，刮水电动机工作时，电枢内所有小线圈同时产生反电动势，每个小线圈都产生相等的反电动势，电动势的方向与电枢电流的方向相反。若要电

任务一　汽车刮水器与玻璃清洗装置

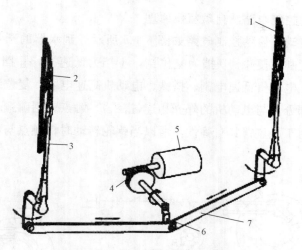

图 6-1-3　电动刮水器的工作状态

1—刮水片；2—刮水片架；3—刮水臂；4—蜗轮；
5—直流永磁电动机；6—摇臂；7—连杆

枢转动，则外加电压必须克服反电动势的作用。当电动机转速升高时，反电动势增大，只有当外加电压等于反电动势时，电枢的转速才能稳定。

三刷永磁式刮水电动机工作时，电枢绕组产生的反电动势的方向如图 6-1-4(b)所示。当驾驶员将刮水器开关拨向低速时，蓄电池电压加在电刷 B_1 和 B_3 之间，在电刷 B_1 和 B_3 之间的两条并联支路中，每条支路都有 3 个线圈串联，其反电动势的大小与支路中反电动势的大小相等。由于外加电压需要平衡 3 个线圈所产生的反电动势，故电动机转速较低；当驾驶员将刮水器开关拨向高速时，蓄电池电压加在电刷 B_2 和 B_3 之间。线圈 1、2、3、6 同在一支路中，其中线圈 6 与线圈 1、2、3 的反电动势方向相反，相互抵消后，每条支路变为两个线圈。由于电动机内部的磁场方向和电枢的旋转方向没有变化，所以各线圈内反电动势的方向与低速时相同。但是外加电压只需平衡 2 个线圈所产生的反电动势，因此电动机的转速升高。

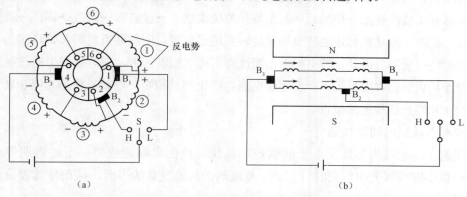

图 6-1-4　永磁式刮水器电机的工作原理

(a)工作原理；(b)反电动势的方向

· 139 ·

3）刮水电动机的控制电路及自动复位原理

铜环式刮水器自动复位的控制电路如图 6-1-5 所示。刮水器的开关有 3 个挡位，它可以控制刮水器的速度和自复位。0 挡为复位挡，Ⅰ挡为低速挡，Ⅱ挡为高速挡。4 个接线柱分别接复位装置、电动机低速电刷、搭铁、电动机高速电刷。复位装置在减速蜗轮嵌有铜环，铜环分为两部分，与电动机的外壳相连（搭铁）。触点臂用磷铜片或其他弹性材料制成，一端有触点。由于触点臂具有弹性，所以当蜗轮转动时，触点与蜗轮端面的铜环保持接触。

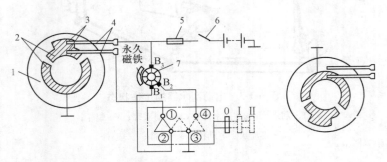

图 6-1-5　铜环式刮水器自动复位的控制电路
1—蜗轮；2—铜环；3—触点；4—触点臂；5—熔丝；6—电源开关；7—电枢

当刮水器开关处于Ⅰ挡位置时，电流从蓄电池的正极→电源开关→熔丝→电刷 B_3→电枢绕组→电刷 B_1→刮水器开关接线柱②→接触片→刮水器开关接线柱③→搭铁→蓄电池负极，电动机低速运转。

当刮水器开关处于Ⅱ挡位置时，电流从蓄电池的正极→电源开关→熔丝→电刷 B_3→电枢绕组→电刷 B_2→刮水器开关接线柱④→接触片→刮水器开关接线柱③→搭铁→蓄电池负极，电动机高速运转。

当刮水器开关退回到 0 挡时，如果刮水片没有停在规定的位置，由于触点与铜环接触，则电流继续流入电枢。其电路为蓄电池正极→电源开关→熔丝→电刷 B_3→电枢绕组→电刷 B_1→刮水器开关接线柱②→接触片→刮水器开关接线柱①→触点臂→触点→铜环→搭铁→蓄电池负极。此时，电动机低速运转至蜗轮旋转到规定位置，即两触点臂都和铜环接触。此时电动机电枢绕组短路。但是，若电枢由于惯性而不能立刻停下来，则电枢绕组通过触点臂与铜环接触而构成回路，电枢绕组产生感应电流，产生制动扭矩，电动机将迅速停止转动，刮水器的刮水片停在规定的位置。

4）刮水电动机的间歇控制

现代汽车刮水器均加装了电子间歇控制系统，使刮水器能按照一定的周期停止和刮水，车辆在小雨或雾天中行驶时，不至于使玻璃上形成发黏的表面，从而使驾驶员获得更好的视野。

电动刮水器的间歇控制可分为可调式和不可调式。

(1)可调式间歇控制电路。

可调式间歇控制电路是指刮水器的控制电路根据雨量的大小自动开闭，并自动调节间歇时间。刮水自动开关与调速控制电路如图6-1-6所示。

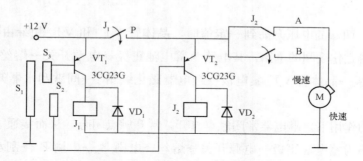

图6-1-6　刮水自动开关与调速控制电路

电路中 S_1、S_2 和 S_3 是被安装在风窗玻璃上的雨量检测电极，雨滴落在两检测电极之间，其阻值相应减小，雨量越大，其阻值越小。

S_1 和 S_3 之间的距离较近，因此，晶体管 VT_1 首先导通，继电器 J_1 通电，在电磁吸力作用下，P点闭合，刮水电动机低速运转。当雨量增大时，S_1、S_2 之间的电阻减小到使晶体管 VT_2 也导通，于是继电器 J_2 通电，在电磁吸力的作用下，A点断开，B点接通，刮水电动机高速运转。

雨停时，检测电阻之间的阻值均增大，晶体管 VT_1、VT_2 截止，继电器复位。刮水电动机自动停止工作。

(2)不可调式间歇控制电路。

不可调式间歇刮水器控制电路如图6-1-7所示，其工作过程如下：

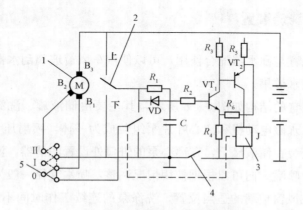

图6-1-7　不可调式间歇刮水器控制电路

1—电动机；2—复位开关；3—继电器；4—间歇开关；5—刮水器开关

项目六 汽车辅助电气设备

当刮水器开关处于间歇挡位置(开关处于0位，且间歇开关闭合)时，电源将通过自动复位开关向电容C充电，其电路为蓄电池正极→电源开关→熔丝→自动复位开关常闭触点(上)→电阻R_1→电容C→搭铁→蓄电池负极，随着充电时间的增长，电容器两端的电压逐渐升高。

当电容器C两端的电压升高到一定值时，晶体管VT_1和VT_2相继由截止转为导通，从而接通继电器磁化线圈的电路，其电路为蓄电池正极→电源开关→熔丝→电阻R_5→晶体管VT_2发射极→晶体管VT_2集电极→继电器磁化线圈J→间歇刮水器开关→搭铁→蓄电池负极。

在电磁力的作用下，继电器常闭触点打开，常开触点闭合，从而接通了刮水器电动机的电路，其电路为蓄电池正极→电源开关→熔丝→电刷B_3→电刷B_1→刮水继电器常开触点→搭铁→蓄电池负极。此时，电动机低速运转。

当复位装置将自动复位开关的常开触点(下)接通时，电容器C通过二极管VD、自动复位装置的常开触点迅速放电，此时刮水电动机的通电回路不变，电动机继续转动。随着放电时间的增长，晶体管VT_1基极电位逐渐降低。

当晶体管VT_1基极电位降低到一定值时，VT_1、VT_2由导通转为截止，从而切断了继电器磁化线圈的电路，继电器复位，常开触点断开，常闭触点闭合。此时，由于自动复位开关的常开触点处于闭合状态，电动机仍将继续转动，其电路为蓄电池正极→电源开关→熔丝→电刷B_3→电刷B_1→继电器常闭触点→搭铁→蓄电池负极。只有刮水片回到原位(不影响驾驶员视线的位置)，自动复位开关的常开触点断开，常闭触点闭合，电动机才能停止转动。继而电源将再次向电容器C充电，重复上述过程，实现刮水器的间歇动作。

二、风窗玻璃洗涤装置

风窗玻璃洗涤装置与刮水器配合使用，可以使汽车风窗玻璃刮水器更好地完成刮水工作，并获得更好的刮水效果。

风窗玻璃洗涤装置的结构如图6-1-8所示，其主要由储液罐、洗涤泵、软管、喷嘴等组成。洗涤泵一般由永磁电动机和离心叶片泵组装成为一体，喷射压力可达70~88 kPa。洗涤泵一般直接被安装在储液罐上，在离心泵的进口处设置滤清器。洗涤泵的喷嘴被安装在风窗玻璃的下面，喷嘴方向可以根据使用情况调整，喷水直径一般为0.8~1.0 mm，能够使用洗涤液喷射在风窗玻璃的适当位置。洗涤泵的连续工作时间不应超过1 min。对于安装有汽车刮水器和风窗玻璃洗涤装置的汽车，应先开启洗涤泵，再接通刮水器。喷水停止后，刮水器应继续刮动3~5次，以便达到良好的清洁效果。常用的洗涤液是硬度不超过205 ppm的清水。

任务一　汽车刮水器与玻璃清洗装置

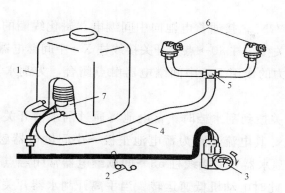

图 6-1-8　风窗玻璃洗涤装置的结构

1—储液灌；2—熔丝；3—刮水开关；4—软管；5—三通管接头；6—喷嘴；7—洗涤泵

为刮掉风窗玻璃上的油、蜡等异物，就可在水中添加少量的去垢剂和防锈剂。强效洗涤液的去垢效果好，但会使风窗密封条和刮片胶条变质，还会引起车身喷漆变色以及储液罐、喷嘴等塑料件的开裂。冬季使用洗涤器时，为了防止洗涤液的结冰，就应添加甲醇、异丙醇、甘醇等防冻剂，再加少量的去垢剂和防锈剂，即其成为低温洗涤液，使凝点温度下降到 $-20\ ℃$ 以下。如冬季不用洗涤器时，则应将洗涤管中的水倒掉。

三、风窗玻璃刮水器及洗涤器电路

桑塔纳汽车刮水器及洗涤器电路如图 6-1-9 所示。

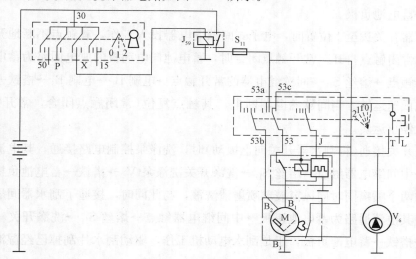

图 6-1-9　桑塔纳汽车刮水器及洗涤器电路

桑塔纳汽车刮水器控制开关有 5 个挡位，分别为复位停止挡、间歇挡、低速挡、高速挡和点动挡。通常的标记：F 为间歇挡、L_0 为低速挡、H_1 为高速挡。其工作原理如下：

将点火开关置于"ON",接通蓄电池向中间继电器磁化线圈的电路,其电流通路为蓄电池正极→点火开关接线柱30→点火开关接线柱X→中间继电器磁化线圈→搭铁→蓄电池负极。在电磁吸力的作用下,中间继电器触点闭合,为刮水器电动机的工作做好准备。

将刮水器控制开关拨到刮水挡时,蓄电池将通过刮水器开关、间歇继电器常闭触点向刮水电动机供电,其电流通路为蓄电池正极→中间继电器触点→熔丝 S_{11}→刮水器开关接线柱53a→刮水器开关接线柱53→间歇继电器常闭触点→电刷 B_1→电刷 B_3→搭铁→蓄电池负极,此时电动机低速运转。当手离开刮水器开关时,开关将自动回到"0"位。

如果此时刮水片处在影响驾驶员视线的位置,自动复位装置的常闭触点打开,常开触点闭合,刮水电动机电枢内继续有电流通过。其电流通路为蓄电池正极→中间继电器触点→熔丝 S_{11}→复位装置的常开触点→刮水器开关接线柱53c→刮水器开关接线柱53→间歇继电器常闭触点→电刷 B_1→电刷 B_3→搭铁→蓄电池负极,故电动机仍以低速运转,直至刮水片处在风窗玻璃的下端。

将刮水器控制开关拨到1挡时,刮水电动机以低速运转。其电流路径为蓄电池正极→中间继电器触点→熔丝 S_{11}→刮水器开关接线柱53a→刮水器开关接线柱53→间歇继电器常闭触点→电刷 B_1→电刷 B_3→搭铁→蓄电池负极。

将刮水器开关拨至2挡时,刮水电动机以高速运转。其电流路径为:蓄电池正极→中间继电器触点→熔丝 S_{11}→刮水器开关接线柱53a→刮水器开关接线柱53b→电刷 B_2→电刷 B_3→搭铁→蓄电池负极。

将刮水器开关拨至J位置时,电子式间歇继电器投入工作,其触点不断地开闭。当间歇继电器的常闭触点打开,常开触点闭合时,蓄电池向电动机的放电回路为蓄电池正极→中间继电器触点→熔丝 S_{11}→间歇继电器的常开触点→电刷 B_1→电刷 B_3→搭铁→蓄电池负极,电动机低速运转。当间歇继电器断电,其触点复位(常闭触点闭合,常开触点打开)时,电动机停止运转。

将洗涤开关接通(将刮水器开关向上扳动)时,洗涤泵控制电路接通,其电流通路为蓄电池正极→中间继电器触点→熔丝 S_{11}→洗涤开关洗涤泵 V_5→搭铁→蓄电池负极。位于发动机盖上的两个喷嘴同时向风窗玻璃喷射清洗液,与此同时,接通了刮水器间歇继电器的控制电路,其电流通路为蓄电池正极→中间继电器触点→熔丝 S_{11}→洗涤开关→刮水器间歇继电器→搭铁→蓄电池负极,于是刮水电动机工作,驱动刮水片刮掉已经湿润的尘土和污物。

当驾驶员松开手柄时,开关将自动回位,切断洗涤泵的控制电路,喷嘴停止喷射清洗液,刮水电动机在自动复位开关起作用后,将刮水片停靠在风窗玻璃的下方。

任务二 汽车电动车窗、电动后视镜、中控锁系统

一、汽车电动车窗

电动车窗是由驾驶员或乘客操纵开关接通车窗升降电动机的电路,电动机产生动力通过一系列的机械传动,使车窗玻璃按要求进行升降。其优点是操作简便,有利于行车安全。

1. 电动车窗的功能与组成

1)电动车窗的功能

电动车窗是指由电动机驱动,并通过传动机构将汽车车窗玻璃沿玻璃导向槽上升或下降,并能按要求停留在任意位置的装置,也叫自动车窗。它可以使驾驶员更加集中精力驾车,方便驾驶员及乘客的操作,许多汽车安装了这种装置。驾驶员操作时,可以使4个车窗玻璃中的任意1个上升或下降,而乘客操作时,只能使其所邻的车窗玻璃上升或下降。电动车窗装置主要由升降控制开关、电动机、升降器、继电器等组成,其中电动机一般采用双向永磁电动机,通过控制电流方向使其正反向转动,达到车窗玻璃升降的功能。电动车窗控制电路通常设有如下功能:

(1)设有多个开关,方便控制。开关被用来控制车窗玻璃升降。有的车上专门装有一个延迟开关,在点火开关断开后约10 min内,或在打开车门以前,仍有电源供电,使驾驶员和乘客有时间关闭车窗。

(2)装有热敏开关,起保护作用。电路或电动机内装有一个或多个热敏开关,用以控制电流大小,防止电动机过载。当车窗完全关闭或由于结冰等原因使车窗玻璃不能自如运动时,即使操纵开关没有断开,热敏开关也会自动断路。

(3)后车门窗设有安全装置。一些汽车的后车门车窗玻璃一般仅能下降至2/3或3/4,不能下降到底,以防止后座位上的小孩将头、手伸出窗外而发生事故。

2)电动车窗的组成

电动车窗主要由车窗、车窗升降器、电动机、继电器、开关等组成。电动车窗的类型:常见的电动车窗升降器主要有绳轮式和叉臂式(交叉传动臂式)两种,绳轮式玻璃升降器结构如图6-2-1所示,叉臂式电动车窗玻璃升降器结构如图6-2-2所示。

(1)绳轮式玻璃升降器。

绳轮式玻璃升降器由滑轮、钢丝绳、张力器和张力滑轮等组成,它通过驱动电动机拉动钢丝绳来控制门窗玻璃的升降,可用于各种圆弧玻璃的车型中,但由于安装空间要求较

大，主要用于玻璃圆弧较小的中、高档轿车和高档面包车中。

（2）叉臂式玻璃升降器。叉臂式玻璃升降器主要由扇形齿板、玻璃导轨和调节器等组成，扇形齿板利用驱动电动机的棘轮进行转动，使玻璃沿导轨上下移动，主要用于玻璃圆弧较大的载货汽车、面包车及中、低档轿车中。另外，还有软轴式升降器。我国引进的轿车中大部分采用绳轮式玻璃升降器，如一汽奥迪、上海桑塔纳、神龙富康等，少部分采用叉臂式玻璃升降器（广州标致）。

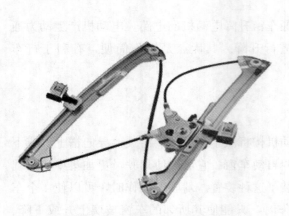

图 6-2-1　绳轮式玻璃升降器结构

图 6-2-2　叉臂式电动车窗玻璃升降器结构

2. 电动车窗的控制原理

每个车窗都装有一个电动机，能正反方向旋转，通过开关控制其旋转方向，使车窗玻璃上升或下降。一般电动车窗系统都装有两套控制开关：一套被装在仪表盘或驾驶员侧车门扶手上，为主开关，由驾驶员控制每个车窗的升降；另一套被装在每一个乘客门上，为分开关，可由乘客进行操纵。一般在主开关上还装有断路开关，如果它断开，分开关就不起作用，这种设计是为了增加乘客的安全性。

电动车窗使用的电动机是双向的，有永磁型和双绕组串励型两种。永磁型直流电动机是通过改变电枢的直流方向来改变电动机的旋转方向。电动车窗直接搭铁式控制电路如图 6-2-3 所示。电动机采用双绕组直流电动机，其一端直接搭铁。电动机内部有两组磁场线圈，通过接通不同的线圈使电动机的转向不同，以此实现车窗的上升和下降动作。

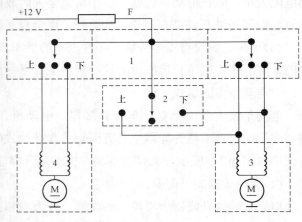

图 6-2-3　电动车窗直接搭铁式控制电路

电动车窗控制搭铁式控制电路如图 6-2-4 所示，电动机采用直流永磁式电动机，通过改变电动机电枢绕组的电流方向改变转动方向。电动车窗的电动机结构简单，开关和控制线路复杂，在实际中的应用较广泛。

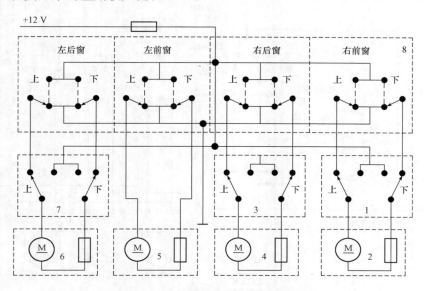

图 6-2-4　电动车窗控制搭铁式控制电路

3. 电动车窗的控制电路

电动车窗的控制电路可以实现手动控制和自动控制，手动控制是指按下相应的手动按钮，车窗可以上升或下降，若中途松开按钮，则上升或下降的动作立即停止；而自动控制是指按下自动按钮，松开手后车窗会一直上升至最高或下降至最低。具有自动控制功能的电动车窗控制电路如图 6-2-5 所示。

1）手动操作控制

当把手动旋钮旋向车辆前方时，门窗玻璃即上升。此时，触点 A 与 UP（向上）接点相连，触点 B 处于原来的状态，电流的流动方向为蓄电池正极→点火开关→触点 UP→触点 A→直流电动机→触点 B→电阻 R→搭铁→蓄电池负极。电动机沿 UP 箭头方向通过电流，车窗玻璃上升且关闭；当手离开旋钮时，利用其开关自身的恢复力，开关回到中立位置；若把手动旋钮推向车辆后方，触点 A 保持原位不动，则触点 B 与 DOWN（向下）接点相接，电流的流动方向为蓄电池正极→点火开关→触点 DOWN→触点 B→直流电动机→触点 A→电阻 R→搭铁→蓄电池负极。电动机通过的电流按 DOWN 箭头所示的方向流动，电动机反转以实现车窗玻璃下移直至下降到底。

2）自动控制

当把自动旋钮压向车辆前方时，触点 A 与 UP 接点相接，电动机沿 UP 箭头方向通过电流，车窗玻璃上升且关闭；与此同时，电阻 R 上的电压降低，此电压加于比较器 1 的一

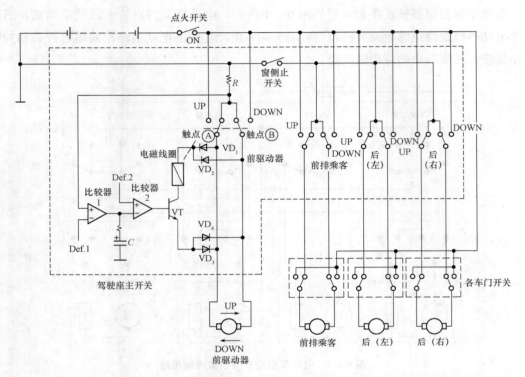

图 6-2-5 具有自动控制功能的电动车窗控制电路

端,与参考电压 Def.1 进行比较。Def.1 的电压值被设定为与电动机锁止电流值(约 15A)相同的值,通常为比较器 1 的低电位端("—"端);而比较器 2 的参考电压 Def.2 通常被设定为小于比较器 1 的输出值,且为高电位端("+"端)。因此,比较器 2 的输出为高电位,使晶体管 VT 正向具有偏流而导通,电磁线圈通过较大的电流。其路径为蓄电池的正极→点火开关→触点 UP→触点 A→二极管 VD_1→电磁线圈→晶体管 VT→二极管 VD_4→触点 B→电阻 R→搭铁→蓄电池负极。此电流产生较大的电磁力,吸引驱动器开关的柱塞,把止板向上顶压,越过止板凸缘的滑销,原来的位置被锁定,这样即使手离开自动旋钮,开关仍会保持原来的状态。

当车窗玻璃上升至终点位置时,电动机上有锁止电流流动,电阻 R 上的压降增大。当此电压超过参考电压 Def.1 时,比较器 1 的输出由低电位转变为高电位,电容 C 开始充电;当电容 C 两端电压上升至超过比较器 2 的参考电压 Def.2 时,比较器 2 则输出低电位,晶体管 VT 立即截止,电磁线圈中的电流被切断,止板在滑锁内因弹簧的反力而被压下,自动旋钮自动回到中立位置,触点 A 搭铁,电动机停转。车窗玻璃自动下降的工作情况与上述情况相反,驾驶员操作时只需将自动旋钮旋向车辆后方。

4. 电动车窗的常见故障

电动车窗常见故障有所有车窗均不能升降、某车窗不能升降或只能沿一个方向运动。

1)所有车窗均不能升降

（1）故障原因：全局性的故障，如熔断器断路；连接导线断路；有关继电器、开关损坏；搭铁点锈蚀、松动。

（2）诊断步骤：首先检查熔断器是否断路。若熔断器良好，则应接通点火开关，检查有关继电器和开关连接线柱上的电压是否正常。若电压为零，则应检查电源线路；若电压正常，则应检查搭铁线是否良好。搭铁不良时，应清洁、紧固搭铁线；若搭铁良好，则应检测继电器、开关。

2）某车窗不能升降或只能沿一个方向运动

（1）故障原因：局部性的故障，如该车窗按键开关损坏；该车窗电动机损坏；连接导线断路；安全开关故障等。

（2）诊断步骤：如果车窗不能升降，则首先检查按键开关是否工作，该车窗的按键开关工作是否正常，再通电检查该车窗的电动机正反转是否运转稳定。若有故障，则应检修或更换新件；若正常，则应检修连接导线。如果车窗只能沿一个方向运动，则一般是按键开关故障或部分线路断路或接错所致，可以先检查线路连接是否正常，再检修开关。

二、电动后视镜

1. 电动后视镜的作用与组成

电动后视镜的作用是方便驾驶员调整后视镜的角度，在行车时可方便地对左右后视镜的角度随时进行调节。

电动后视镜一般由镜片、驱动电动机、控制电路及操纵开关等组成。在每个后视镜镜片的背后均有两个可逆电动机，驾驶员可操纵其上、下及左、右运动。通常垂直方向的倾斜运动由一个永磁电动机控制，水平方向的倾斜运动由另一个永磁电动机控制。通过改变电动机的电流方向，就可完成后视镜的上、下、左、右方向的调整。

2. 电动后视镜的控制电路及工作原理

电动后视镜的控制电路如图 6-2-6 所示，驾驶员在进行调整时，首先通过左/右调整开关选择要调整的后视镜，如调整左镜时，开关被打向左侧，此时开关分别与 7、8 接点接通，再通过控制开关即可进行该镜的上、下或左、右调整。向上调整时，驾驶员可将控制开关推向上侧，此时控制开关分别与向上接点、左上接点接通。电流方向为蓄电池正极→熔断器→点火开关→控制开关向上接点→左/右调整开关→7 接点→左侧镜上下调整电动机→1 接点→电动镜开关 2 接点→控制开关左上接点→电动镜开关 3 接点→蓄电池负极，形成回路，调整电动机运转，完成调整过程。其他调整过程与向上调整过程类似，通过接通不同的开关即可完成。

项目六 汽车辅助电气设备

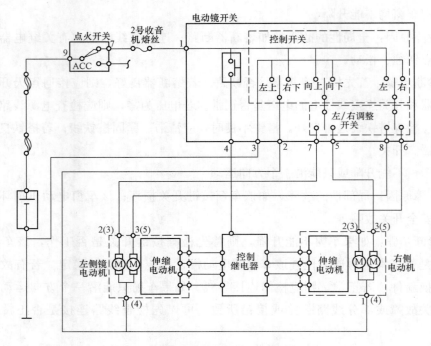

图 6-2-6 电动后视镜的控制电路

电动后视镜的伸缩是通过电动后视镜开关上的伸缩开关控制的,该开关控制继电器动作,使左、右镜伸缩电动机工作,完成伸缩功能。

3. 电动后视镜的常见故障与诊断

电动后视镜的常见故障有电动后视镜调节全部失灵和电动后视镜部分功能不正常。故障主要原因有保险装置及线路断路、开关及电动机有故障等。

如果电动后视镜所有调节都不工作,则往往是由于保险装置或电源线路、搭铁线路断路引起,也可能是控制开关有故障。我们可以先检查保险装置是否正常,然后检查控制开关接线有无脱落松动,电源线路或搭铁线路是否正常,最后检修控制开关。

如果电动后视镜部分功能不正常,则通常是由于个别电动机及控制开关对应部分有故障、对应线路断路或接触不良。我们可以先检查线路连接情况,再检查开关和电动机。

4. 典型故障诊断与检修

桑塔纳 2000GSi 轿车电动后视镜控制电路如图 6-2-7 所示。

电动后视镜如有故障,直接表现为无法操纵电动后视镜,则此时可以进行如下检查:

(1)首先检查熔丝和断路器(过载保护),然后用万用表测试开关总成。

(2)如果开关完好,则应用 12 V 电源的跨接线检查电动机的工作情况。跨接线换向时,电动机也应反向转动。

任务二 　汽车电动车窗、电动后视镜、中控锁系统

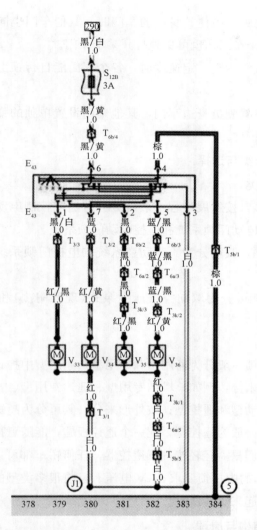

图 6-2-7 　桑塔纳 2000GSi 轿车电动后视镜控制电路

(3)如果电动机工作正常，而后视镜仍不运动，则应检查连接后视镜的控制开关和车门或仪表盘金属件的搭铁情况。

三、中控锁系统

汽车中控锁全称是中央控制门锁。为提高汽车使用的便利性和行车的安全性，则越来越多的汽车安装中控锁。

1. 中控锁系统的功能

中控锁系统一般具有以下几种功能。

(1) 中央控制：当驾驶员锁住其身边的车门时，其他车门也同时被锁住，驾驶员可通过门锁开关同时打开各个车门，也可单独打开某个车门。

(2) 速度控制：当汽车达到一定速度时，各个车门能自行锁上，防止乘员误操作车门把手而把车门打开。

(3) 单独控制：除在驾驶员身边车门，其他车门设置单独的弹簧锁开关，其可独立地控制一个车门的打开和锁住。

2. 中控锁系统的分类与选择

1) 中控锁系统的分类

(1) 电控锁种类很多，按发展过程一般可分为普通电控制电动门锁系统、电子式电动门锁系统、车速感应式电动门锁系统和遥控电动门锁系统。

(2) 按控制方式不同，其可分为不带防盗系统的电控门锁系统和与防盗系统成一体的电控中央门锁系统。

(3) 按结构不同，其可分为双向空气压力泵式（现已淘汰）和直流电动机式电控中央门锁。

2) 中控锁的选择

现在市面上的中控锁一般分为通用型和专用型，通用型中控锁适用于大部分车型，而专用型中控锁则按车型来分，例如桑塔纳专用型、捷达专用型、富康专用型等；按起动方式不同，则其可分为手动型和遥控型；按外形来分，其可分为超短型、扁型和 S 型等。

现在安装的中控锁一般为遥控型，配一个遥控板匙，能随意控制 4 个车门和行李厢门的开关，十分方便，我们只需轻轻按一下遥控器，任何轿车都可以安装中控锁，其电压要求为 12 V，而用于卡车的中控锁要求 24 V 电压。目前很多类型的中控锁采用双轨道、防卡死等设计，让车主用起来更加放心。

3. 中控锁系统的结构与原理

目前汽车上装用的中控锁种类很多，但其主要门锁控制器由门锁开关及门锁执行机构组成。

1) 门锁控制器

门锁控制器是为门锁执行机构提供锁止/开启脉冲电流的控制装置。无论何种门锁执行机构都是通过改变执行机构通电电流方向控制连杆左右移动，实现门锁的锁止和开启。

门锁控制器的种类很多，按其控制原理大致可分为晶体管式、电容式和车速感应式 3 种门锁控制器。

(1) 晶体管式。晶体管式门锁控制器内部有 2 个继电器，一个管锁门，一个管开门。晶体管式门锁控制电路如图 6-2-8 所示，继电器由晶体管开关电路控制，利用电容器的充、放电过程控制一定的脉冲电流持续时间，使执行机构完成锁门和开门动作。

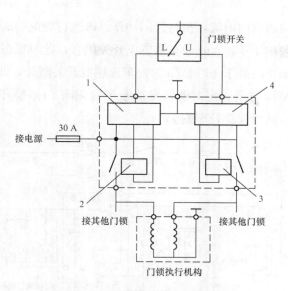

图 6-2-8　晶体管式门锁控制电路
1—锁门控制电路；2—闭锁继电器；3—开锁继电器；4—开门控制电器

(2) 电容式。电容式门锁控制电路如图 6-2-9 所示，其利用电容器充、放电特性，平时电容器充足电，工作时把它接入控制电路，使电容器放电、继电器通电而短时吸合，电容器完全放电后，通过继电器的电流中断使其触点断开，门锁系统不再工作。

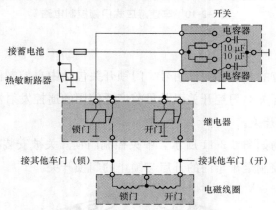

图 6-2-9　电容式门锁控制电路

(3) 车速感应式。车速感应式门锁控制电路如图 6-2-10 所示，控制电路中装有一个车速为 10 km/h 的感应开关，当车速大于 10 km/h 时，若车门未上锁，则驾驶员不需动手，门锁控制器自动将门上锁。工作原理是当点火开关接通时，电流流经警告灯可使 3 个车门的警告灯开关(此时门未锁)搭铁，报警指示灯亮。若按下锁门开关，则定时器使三极管 VT_2 导通，在三极管 VT_2 导通期间，锁定继电器线圈 L_1 通电，常开触点闭合，门锁执行机构通正向电流，执行锁门动作。当按下开锁开关，则开锁继电器线圈 L_2 通电，常开触点闭合，门锁执行机构通反向电流，执行开门动作。汽车行驶时，若车门未锁且车速低于 10 km/h，则置于车速表内的 10 km/h 车速感应开关闭合，此时稳态电路不向三极管 VT_1 提供基极电流；当行车速度高于 10 km/h 时，车速感应开关断开，此时稳态电路给三极管 VT_1 提供基极电流，VT_1 导通，定时器触发端经 VT_1 和车门报警开关搭铁，如同按下锁门开关，使车门锁定，从而保证行车安全。

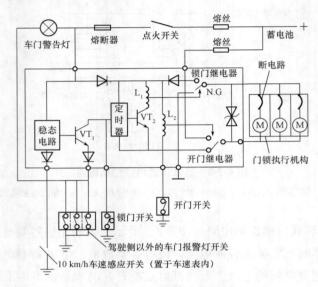

图 6-2-10　车速感应式门锁控制电路

2) 门锁开关

门锁开关提供相应的开锁或关锁信号。门锁开关包括中央控制门锁开关、钥匙控制开关、行李厢门开启器开关、门控开关以及目前广泛使用的遥控发射器等。

(1) 中央控制门锁开关。

中央控制门锁实物如图 6-2-11 所示。中央控制门锁开关被安装在左前门和右前门的内侧扶手上，是在车内控制全车车门的开启与锁止的门锁开关。

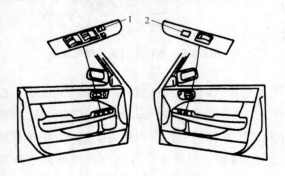

图 6-2-11　中央控制门锁实物

1—驾驶员门锁开关；2—乘客门锁开关

(2) 钥匙控制开关。

钥匙控制开关被装在左前门和右前门的外侧门锁上,如图 6-2-12 所示。当我们从车外面用车门钥匙开车门或锁车门时,钥匙控制开关便发出开门或锁门的信号给门锁控制 ECU,实现车门打开或锁止。车门钥匙的功能是实现在车门外面锁车或打开车门锁,其也是点火开关、燃油箱、行李厢等全车设置锁的地方共用的钥匙。

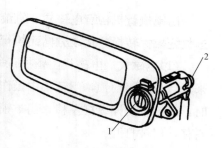

图 6-2-12 钥匙控制开关

1—车门钥匙孔;2—钥匙控制开关

(3) 行李厢门开启器开关。

行李厢门开启器被装在行李厢门上,如图 6-2-13 所示,主要由轭铁、插棒式铁芯、线路断路器、轴、电磁线圈和支架组成。轴连接行李厢门锁,当电磁线圈通电时,插棒式铁芯将轴拉入并打开行李厢门。线路断路器用以防止电磁线圈因电流过大而过热。

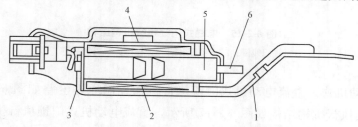

图 6-2-13 行李厢门开启器

1—支架;2—电磁线圈;3—轭铁;
4—线路断路器;5—插棒式铁芯;6—轴

行李厢门开启器开关位于仪表盘下面,拉动此开关便能打开行李厢门,如图 6-2-14 所示。不同车的行李厢门开启器开关有所不同,驾驶员操作行李厢门开启器开关时,先用钥匙顺时针旋转打开行李厢门开启器主开关,然后再使用行李厢门开启器开关打开行李厢。

(4) 门控开关。

门控开关被用来检测车门的开闭情况。车门打开时,门控开关接通,门灯点亮;车门关闭时,门控开关断开,门灯熄灭。

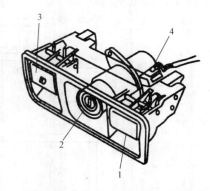

图 6-2-14 行李厢门开启器安装位置

1—行李厢门开启器开关;2—行李厢门钥匙孔;
3—燃油箱盖开启器开关;4—行李厢门开启器主开关器

3) 门锁执行机构

门锁执行机构的作用是执行门锁开关的信号指令,将门锁锁止或开启。

项目六 汽车辅助电气设备

门锁执行机构有电磁式、直流电动机式和永磁电动机式3种驱动方式。其结构都是通过改变极性转换其运动方向而执行锁门或开门动作的。

(1)电磁式。电磁式门锁执行机构结构如图6-2-15所示,它内设2个线圈,分别被用来开启、关闭门锁,门锁集中操作按钮平时处于中间位置。当电路给锁门线圈通正向电流时,衔铁带动操纵杆左移,门被锁住;当电路给开门线圈通反向电流时,衔铁带动操纵杆右移,门被打开。

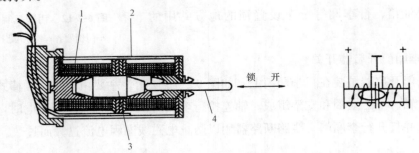

图 6-2-15 电磁式门锁执行机构结构

1—锁门线圈;2—开门线圈;3—柱塞;4—操纵杆

(2)直流电动机式。直流电动机式门锁执行机构控制原理电路如图6-2-16所示,直流电动机式门锁执行机构结构如图6-2-17所示,直流电动机式门锁执行机构安装位置如图6-2-18所示。它是通过直流电动机转动并经传动装置(传动装置有螺杆传动、齿条传动和直齿轮传动)将动力传给门锁锁扣,使门锁锁扣进行开启或锁止。由于直流电动机能双向转动,所以通过电动机的正反转实现门锁的锁止或开启。这种执行机构与电磁式执行机构相比,耗电量较小。

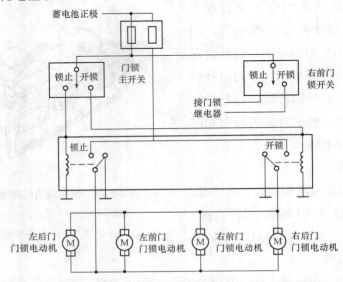

图 6-2-16 直流电动机式门锁执行机构控制原理电路

任务二　汽车电动车窗、电动后视镜、中控锁系统

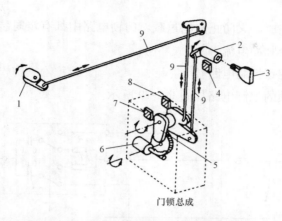

图 6-2-17　直流电动机式门锁执行机构结构

1—门锁按钮（车厢内）；2—门键筒体；3—键（钥匙）；4、8—门锁开关；
5—锁杆；6—门锁电动机；7—位置开关；9—连接杆

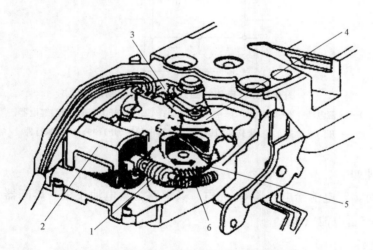

图 6-2-18　直流电动机式门锁执行机构安装位置

1—蜗杆；2—门锁电动机；3—位置开关；4—锁杆；5—蜗轮；6—复位弹簧

（3）永磁电动机式。永磁电动机多指永磁型步进电动机。它的作用与前两种基本相同，结构差异较大。转子带有凸齿，凸齿与定子磁极径向间隙小而磁通量大。定子上带有轴向均布的多个电磁极，而每个电磁线圈按径向布置。定子周布铁芯，每个铁芯上绕有线圈，当电流通过某一相位的线圈时，该线圈的铁芯产生吸力使转子上的凸齿对准定子线圈的磁极，转子将转动到最小的磁通处，即一步进位置。要使转子继续转动一个步进角，就根据需要的转动方向向下一个相位的定子线圈输入一脉冲电流，转子即可转动。转子转动时，通过连动机构使门锁锁止或开启。

4. 中控锁系统的电路

由于门锁的开、关动作是短暂的，且门锁执行器在工作时要消耗大量的电能，为了既

项目六 汽车辅助电气设备

方便门锁的动作顺利完成,又防止电路过载,门锁电路中都有定时装置,使控制电路输送给门锁执行器的是一个脉冲电流。

1) 电磁线圈式中控锁控制电路

电磁线圈式中控锁的控制电路如图 6-2-19 所示。

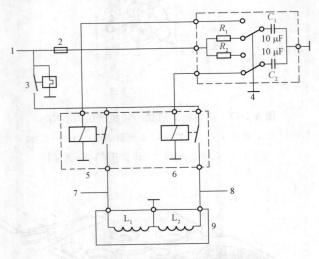

图 6-2-19 电磁线圈式中控锁的控制电路

1—接蓄电池;2—熔断器;3—热敏断电器;4—门锁开关;5—锁门继电器;
6—开门继电器;7—接其他门锁;8—接其他门锁(开);9—门锁执行器

其工作原理如下:

正常状态时,蓄电池给电容器 C_1 充电。其电路为蓄电池正极→熔断器→电阻 R_1→电容器 C_1→搭铁→蓄电池负极。

(1) 车门锁定。

当按下门锁开关时,电容器 C_1 放电,使锁门继电器 5 线圈有电流通过,继电器触点闭合;此时,门锁执行器 L_1 的电路被接通而动作,通过操纵机构将车门锁定。当电容器 C_1 放电到一定程度时,锁门继电器线圈断电,门锁执行器的电路被切断。另外,当按下门锁开关时,电容器 C_2 开始充电。

(2) 车门开锁。

当按回门锁开关后,电容器 C_2 放电,使开门继电器 6 线圈有电流通过,继电器触点闭合;此时,门锁执行器 L_2 的电路被接通而动作,通过操纵机构将车门开启。当电容器 C_2 放电到一定程度时,开门继电器线圈断电,门锁执行器的电路被切断。另外,当按回门锁开关时,电容器 C_1 开始充电,回到原始状态。

2) 直流电动机式中控锁控制电路

直流电动机式中控锁控制电路原理如图 6-2-20 所示。其工作原理如下:

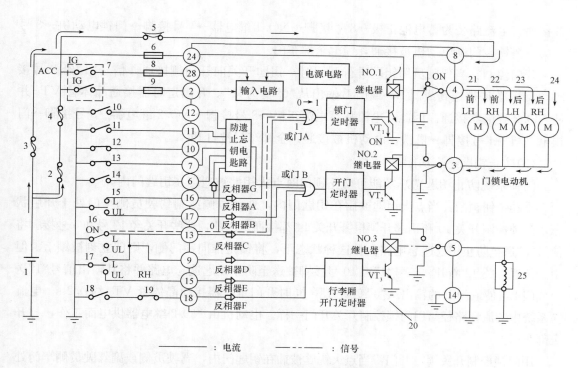

图 6-2-20 直流电动机式中控锁控制电路原理

1—蓄电池；2—熔断器(ALT)；3—熔断器(MAIN)；4—熔断器(AMI)；5—断路器；6—DOME 熔断器；7—点火开关；
8—CIG(点烟器)熔断器；9—EUC_LG 熔断器；10—左前门锁控制开关；11—右前门锁控制开关；12—左前位置开关；
13—右前位置开关；14—钥匙开锁报警开关；15—门锁控制开关(双掷)；16—左前门钥匙控制开关；17—右前门钥匙控制开关；
18—行李厢门开启器开关；19—主开关；20—防盗和门锁控制 ECU；21—左前门锁电动机；22—右前门锁电动机；
23—左后门锁电动机；24—右后门锁电动机；25—行李厢门开启器电磁阀

(1)门锁控制开关锁门和开门。锁门控制：当驾驶员侧或副驾驶员侧门锁控制开关15被推向锁门侧时，信号"1"由16号接脚和反相器A传送给或门A。或门A的输出从"0"变为"1"。由于锁门定时器供给晶体管 VT_1 的基极电流约 0.2 s 并使其导通，NO.1 继电器被接通，电流从蓄电池→8号接脚→NO.1继电器→4号接脚→门锁电动机→3号接脚→搭铁，则电动机锁上全部车门。

开门控制：当门锁控制开关被推向开门侧，信号"1"经17号接脚和反相器B被送到或门B，或门B输出从"0"变到"1"。因此，开门定时器给晶体管 VT_2 加一基极电流约 0.2 s 并使其导通，NO.2 继电器被接通，电流从蓄电池→8号接脚→NO.2继电器→3号接脚→门锁电动机→4号接脚→搭铁，则门锁电动机被接通，打开全部车门。

(2)用钥匙锁门和开门。

锁门控制：当钥匙被插进驾驶员侧或副驾驶员侧门内并向锁门方向转动，则钥匙控制开关16向锁门侧接通。此时信号"1"经13号接脚和反相器C送给或门A，或门A输出从"0"变为"1"。锁门定时器给晶体管 VT_1 加一基极电流约 0.2 s 并使其导通。NO.1 继电器被接通，电流路径为蓄电池正极→8号接脚→NO.1继电器→4号接脚→门锁电动机→3号接脚→搭铁，门锁电动机被接通，锁上全部车门。

开门控制：当驾驶员用钥匙进行开门时，钥匙开关向开门侧接通，信号"1"经9号接脚和反相器D被送到或门B，或门B输出从"0"变为"1"。开门定时器接通晶体管VT_2并使NO.2继电器接通。因此，电流从蓄电池正极→8号接脚→NO.2继电器→3号接脚→门锁电动机→4号接脚→搭铁，电动机被接通，全部车门被打开。

(3) 防止钥匙遗忘功能。

门锁系统防止钥匙遗忘功能可防止锁门时点火钥匙被遗忘在钥匙门内。

推动锁钮锁门：当点火钥匙被插在钥匙门内，驾驶员侧或副驾驶员侧车门处于开启状态，门锁控制开关10和钥匙开锁报警开关14都接通。因此，这些开关经12号和6号接脚将信号"0"送至防止钥匙遗忘电路。在这种状态下，将锁钮推向锁门侧，则门立刻被锁上。但由于位置开关12断开，信号"1"经10号接脚被送至防止钥匙遗忘电路并将其输出信号"1"送至或门B，使或门B的输出从"0"变到"1"，同时开门定时器接通晶体管VT_2约0.2 s。电流在系统中的流动路径与用门锁控制开关开门一样。电动机由NO.2继电器供电而工作，打开全部车门。

用门锁控制开关锁、开门：当点火钥匙被插在钥匙门内，驾驶员侧或副驾驶员侧车门处于开启状态，门锁控制开关10和钥匙开锁报警开关14都接通。这些开关经12号和6号接脚将信号"0"送至防止钥匙遗忘电路。在这种状态下，当用门锁控制开关锁门时，门立刻被锁上。但由于信号"1"经16号接脚被送至防止钥匙遗忘电路和反相器G，使电路将信号"1"被送至或门B并使其输出从"0"变为"1"。同时开门定时器接通晶体管VT_2，约0.2 s电动机接通，全部车门打开。

车门全关闭时防止钥匙遗忘功能：当防止钥匙遗忘功能起作用和门锁钮保持向下阻止开门时，门被立刻锁上，门锁控制开关10和钥匙开锁报警开关14被接通，并经12号和6号接脚将信号"0"送给防止钥匙遗忘电路。若此时车门处于关闭状态，则门锁开关断开，并且输入到防止钥匙遗忘电路的信号由"0"变为"1"。约0.8 s后，防止钥匙遗忘电路输出信号"1"给或门B，或门B输出信号从"0"变为"1"。因此开门定时器接通晶体管VT_2约0.2 s，电动机被接通，全部车门打开。若此时车门不能全部被打开，则开门定时器再次起动0.8 s后，全部车门被打开。

(4) 行李厢门开启器控制。

当行李厢门开启器开关18被接通，信号"1"经18号接脚和反相器F被送到行李厢门开启定时器。开启定时器传送给晶体管VT_3基极电流约0.2 s，使其导通，NO.3继电器也导通，电流路径为蓄电池正极→8号接脚→NO.3继电器→5号接脚→行李厢门开启器电磁阀→搭铁，从而打开行李厢门。

5. 桑塔纳2000轿车中控锁工作原理与检修

桑塔纳2000轿车中控锁工作原理电路如图6-2-21所示。

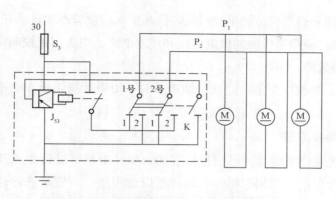

图 6-2-21　桑塔纳 2000 轿车中控锁工作原理电路

1）工作原理

（1）门锁锁闭。

将左前门门锁提钮压下，集控开关第 2 位触点被接通。由于提钮被压下过程中，集控开关附带的控制触点 K 已被短暂闭合，故左前集控锁控制器 J_{53} 的动合触点闭合。这时电源经熔断器，并通过 J_{53} 的闭合触点及集控开关 2 号第 2 位加至集控门锁内部电源线 P_2；与此同时，电源的负极经集控开关 1 号第 2 位加至集控门锁内部电源线 P_1。电动机反转，带动各自门锁锁闭。电流回路为蓄电池正极→熔断器 S_3→已闭合的左前集控锁控制器 J_{53} 的动合触点→集控开关 2 号第 2 位 P_2→电动机→P_1→集控开关 1 号第 2 位→接地→蓄电池负极。1～2 s 后，左前集控锁控制器 J_{53} 控制其已闭合的触点断开，从而切断为电动机供电的 30 路电源，电动机停转，门锁保持在闭锁状态。

（2）门锁开启。

将左前门门锁操纵提钮拔起，集控开关第 2 位触点被断开，第 1 位触点闭合。在此过程中，集控开关附带的控制触点 K 又被短暂闭合，从而使左前集控锁控制器 J_{53} 的触点再次闭合 1～2 s。这时 A 路电源经 J_{53} 的闭合触点和集控开关 1 号第 1 位加至内部电源线 P_1；而电源的负极经集控开关 2 号第 1 位加至内部电源线 P_2。内部电源的供电电压极性被改变，电动机正转，各门锁开启。电流回路为电池正极→熔断器 S_3→已闭合的左前集控锁控制器 J_{53} 的动合触点→集控开关 1 号第 1 位→P_1→电动机→P_2→集控开关 2 号第 1 位→接地→蓄电池负极。门锁开启 1～2 s 后，左前集控锁控制器 J_{53} 控制其已闭合的触点断开，电动机停转，门锁保持在开启状态。由于图 6-2-21 所示 30 路电源为车内常火线，与蓄电池直接相连，所以中央集控门锁装置对门锁的控制功能与点火开关的钥匙位置无关。

2）检修

（1）用点火钥匙开启驾驶员侧车门门锁时，其余车门部分能自动开启，部分不能开启的故障原因有相关电路接触不良、断路，门锁电动机故障，中央门锁控制模块故障。

(2)用点火钥匙开启驾驶员侧车门门锁时,其余车门全部不能自动开启的故障原因有:蓄电池无电,中央门锁控制模块的供电电路和接地电路、中央门锁控制模块故障,车门锁电动机的控制电路故障。

(3)拉钮卡滞。当拉杆变形、门锁锈蚀严重时,用手动拉钮操作会不顺,故应及时拆检门锁。

6. 中控锁的遥控原理

中控锁的无线遥控功能是指不用把钥匙插入锁孔中就可以远距离开门和锁门,其最大优点是不管白天黑夜,无须探明锁孔,都可以远距离、方便地进行开锁(开门)和闭锁(锁门)。

中控锁的遥控基本原理是从车主身边发出微弱的电波,由汽车天线接收该电波信号,经电子控制单元 ECU 识别信号代码,再由该系统的执行器(电动机或电磁线圈)执行开、闭锁的动作。该系统主要由发射机和接收机两部分组成。

(1)发射机。发射机由发射开关、发射天线(键板)、集成电路等组成。键板与信号发送电路组成一体。从识别代码存储回路到 FSK 调制回路,由于采用单芯片集成电路而使用一种小型化,在电路的相反一侧装有揿钮型的锂电池。发射频率按照使用国的电波进行选择,一般可使用 27 MHz、40 MHz、62 MHz。发射开关每按揿钮一次进行一次信号发送。

(2)接收机。发射机利用 FM 调制发出识别代码,通过汽车的 FM 天线进行接收,并利用分配器进入接收机 ECU 的 FM 高频增幅处理器进行解调,与被解调节器的识别代码进行比较;如果是正确的代码,就输入控制电路并使执行器工作。

门锁遥控系统通常由 1 个便携式发射机和 1 个车内接收机组成,发射机发出的可识别信号由接收机接收并解码,驱动门锁打开或锁止,其主要作用是方便驾驶员开门或锁门。

用户可以通过设置门锁遥控 ECU 的开锁密码实现对汽车的保护,并在出现非法打开车门时进行报警。目前门锁遥控系统多数采用无线电波或红外线作为识别信号的传授媒介,有持钥匙型和整体型两种。

当中控锁接收到正确的代码信号时,控制波接收电路就被触发至接收时间加 0.5 s,然后恢复到待机状态。如输入的代码信号不符,则将不能触发接收电路。若在 10 min 内有多于 10 个代码信号输入不符,该锁就认为有人企图窃车,于是停止接收任何信号,包括正确的代码信号,遇到这种情况必须由车主用钥匙机械地插入门锁孔才能开启车门。信号接收的恢复通过钥匙点火起动以及把遥控门锁系统主开关关掉再打开完成,如果用户用遥控机构把车门开锁后 30 s 内不开门,则车门将自动锁上。

任务三　汽车音响设备

一、汽车音响设备的功用与组成

1. 汽车音响设备的功用

汽车音响（Auto Audio）是为减轻驾驶员和乘客在旅行中的枯燥感而设置的收放音装置。最早使用的汽车音响是汽车调幅收音机，后来是调幅调频收音机、磁带放音机，现发展为 CD 放音机和兼容 DCC、DAT 数码音响。现在汽车音响无论在音色、操作和防振等方面均达到了较高的标准，能应对汽车在崎岖道路上的颠簸，保证性能的稳定和音质的完美。

2. 汽车音响设备的组成

汽车音响主要由主机信号源、音频处理器、放大器、扬声器系统、视频系统（多媒体）、电源及供电电路等组成。汽车音响设备的组成框架如图 6-3-1 所示，汽车音响设备的安装位置如图 6-3-2 所示。

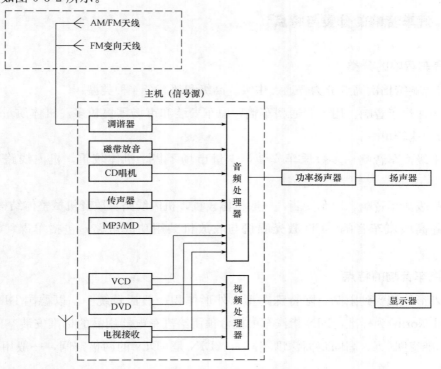

图 6-3-1　汽车音响设备的组成框架

项目六 汽车辅助电气设备

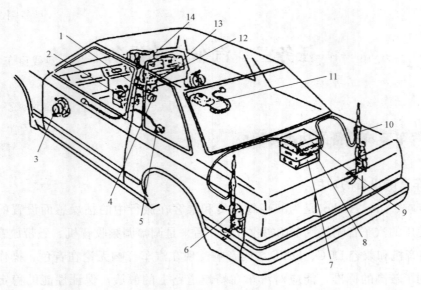

图 6-3-2 汽车音响设备的安装位置

1—遥控器；2—扬声器继电器；3—前扬声器（收音机、放音机共用）；4—VCD 扩大器；
5—速度传感器；6—TV 天线；7—CRT 显示计算机；8—TV 选台器；9—VCD 控制器；
10—TV 天线；11—TV 控制器；12—易操作开关；13—数位仪表；14—CRT 显示器

二、汽车音响的分类与特点

1. 汽车音响的分类

汽车音响按档次高低分为普通、中级、高级和超高级 4 种类型：

(1) 普通汽车音响。用于普通型车辆，原车安装和市场零售较多。机体质量较轻，机内线路布局比较单一。

(2) 中级汽车音响。多数原车安装，少量市场零售，机体较重，机内线路布局相对合理。

(3) 高级汽车音响。原车安装，一般机体较重，机内线路及放音机械整体结构复杂。

(4) 超高级汽车音响。CD 激光唱机与收放机共用功放电路，包括单碟、6 碟和 10 碟等。

2. 汽车音响的特点

(1) 外形体积受到限制。除特殊车型，外形体积一般比较统一，以德国 DIN（Deutch Industrial Norm）为标准，DIN 指汽车中控台预留给汽车电器用品的标准安装空间，1DIN 指一个标准空间（宽、高固定而深度不限），2DIN 是 1DIN 的两倍空间，一般用于音响主机的安装。

欧洲车型按 1DIN 规定长 183 mm、高 50 mm、深 153 mm，日本车型多用 2 DIN 双层形式，长 180 mm、高 100 mm、深 153 mm。

(2)汽车音响的电源都是用低电压蓄电池供电，除部分大巴车等大型载重车(使用 24 V 电源)，一般以 12 V 负极接地的直流电源为主。

(3)使用环境差，抗干扰性能强。汽车的发动机点火系统、燃油供给系统等电路全部使用同一个汽车蓄电池，对汽车音响的内部电路，特别是 AM/FM 收音产生严重的干扰。收音部分的接收灵敏度要求比较高，必须采用抗干扰强的电路和元件，外壳用全屏蔽的金属机壳接地隔离。在不同的路面上行驶，汽车音响受到振动和冲击，温度在 60 ℃ 以上，所以其对元件耐热性等质量和焊接要求比较高。

(4)使用低阻抗的喇叭。由于汽车音响使用的电源比较低，要得到大的功率，除了采用 BTL 电路，一般会用 1~4 Ω 的低阻抗喇叭提高输出功率。我们接触的汽车音响一般为 4 Ω 喇叭。其直接可以采用主机的内置功放驱动喇叭，发出声音。

三、汽车音响的配置原则与配置方案

1. 汽车音响的配置原则

(1)系统平衡原则。价格平衡：汽车音响的档次要与汽车的听音环境配合。匹配平衡：音响各组成部分，即主机、功率放大器、扬声器和线材等，要进行合理选择与使用。

(2)大功率输出原则。主机或功率放大器的输出功率一定要大，输出功率越大，能控制的音频线性范围越大，驱动扬声器的能力越强。

(3)音质自然重放原则。音响系统频响曲线的平滑性是评价音响优劣的主要参数。

2. 汽车音响的配置方案

1)音源(主机)配置

根据汽车中控台给定的位置确定安装空间，即 1DIN 或 2DIN，再选择功能。若使用 RCA 信号输出，则应考虑其输出组数。

(1)1 组 RCA 输出：其后级(功率放大器)只有两路 RCA 输入，即只有左、右两声道分离。

(2)2 组 RCA 输出：其后级(功率放大器)为 4 路 RCA 输入，即前左、前右、后左、后右四声道分离。

(3)3 组 RCA 输出：其后级(功率放大器)为 4 路 RCA 输入，还有两路低音输出。

若要求较高，则可使用电子分音器。我们应注意音源输入和处理过的信号，输出到功率放大器的连接组别要对应。若后级功率放大器只有 1 组 RCA 输入，则采用电子分音器时，应使用多台功率放大器与之对应。

项目六 汽车辅助电气设备

2)功率放大器和扬声器配置

功率放大器和扬声器配置应满足阻抗匹配、功率匹配、频率匹配的原则。

(1)主机+4扬声器。

主机内置功率放大器直接输出四路高电平信号至两对扬声器重放,其接线原理如图6-3-3所示。受主机内部空间限制,其效果达不到外置功率放大器的强劲及高清晰的解析度。

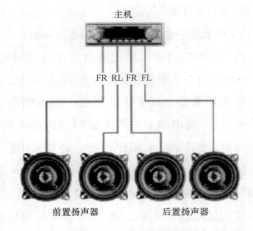

图6-3-3 汽车音响设备主机+4扬声器配置接线原理

(2)主机+4路功率放大器+4扬声器。

主机+4路功率放大器+4扬声器配置接线原理如图6-3-4所示,前置扬声器用套装,以获得较好的声场定位;后置扬声器采用低音较好的扬声器,使声音更饱满。

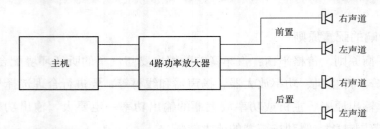

图6-3-4 汽车音响设备主机+4路功率放大器+4扬声器配置接线原理

(3)主机+功率放大器+4扬声器+超低音扬声器。

主机+功率放大器+4扬声器+超低音扬声器配置接线原理如图6-3-5所示,属较高级配置,从高音到低音效果都很好。4路功率放大器具有无衰减前级输出,系统具有扩展超低音特性。装有超低音的系统最适合于播放爵士乐、摇滚乐和重金属音乐。

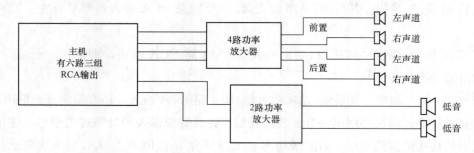

图6-3-5 汽车音响设备主机+功率放大器+4扬声器+超低音扬声器配置接线原理

四、调谐器

1. 调谐器的类型和组成

1）调谐器的类型

(1)按调谐方式的不同，调谐器分手动调谐和自动(数字)调谐。

(2)按调谐器接收信号的不同，调谐器分为 AM 调谐器(接收调幅信号)和 FM 调谐器(接收调频信号)，两者通常组合为调幅/调频调谐器(AM/FM 调谐器)。

(3)按调谐器结构的不同，调谐器分为普通式、数字式和集成式三种。

2）调谐器的组成

调谐器主要由高频放大器、本机振荡器、混频器、中频放大器和检波器等组成。其基本构成原理如图 6-3-6 所示。

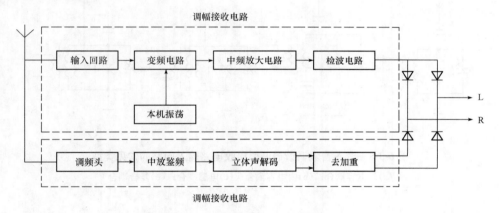

图 6-3-6　汽车音响调谐器基本构成原理

2. 调谐器的工作原理

1）调谐器调幅接收电路

普通超外差式调谐器简称调幅调谐器，由输入回路、变频电路、中频放大电路、调幅检波电路、音量音调控制电路和功率放大电路组成。其结构原理如图 6-3-7 所示。

(1)输入回路：又称输入调谐回路或选频电路，是指从天线到第一个放大器之间的电路。输入电路将天线接收到的各种高频(电台)信号输送到选择回路，选出要接收的电台信号，送到下一级(变频)电路，并抑制不需要的各种信号。汽车音响调谐器调幅接入电路输入回路的常见类型如图 6-3-8 所示。

(2)高频放大电路：用于提高整机的灵敏度、选择性和信噪比。AM 超外差式调谐器通常不加高放级，但因汽车音响接收环境恶劣，为获得稳定的接收信号，就需加一级高频放大电路。其电路如图 6-3-9 所示。

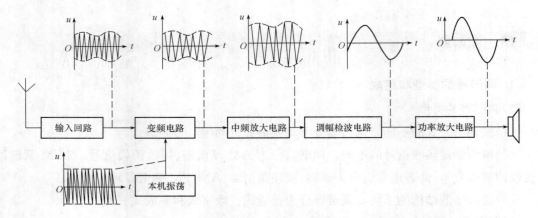

图 6-3-7 汽车音响调谐器调幅接收电路结构原理

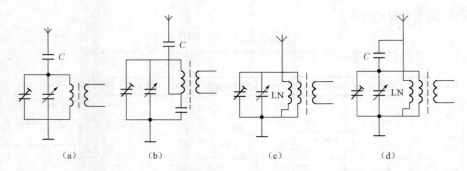

图 6-3-8 汽车音响调谐器调幅接收电路输入回路的常见类型
(a)外电容耦合；(b)内电容耦合；(c)电感耦合；(d)复合耦合

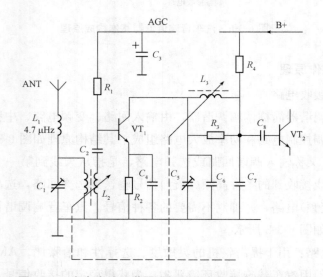

图 6-3-9 汽车音响调谐器调幅接收电路的高频放大电路

高频放大电路可分为自激式变频和他激式变频。若非线性元件既产生本振信号，又实现频率变换，则称其为自激式变频电路，即变频器；若非线性元件仅实现频率变换，而本振信号由其他元件产生，则称其为混频器。包括本振器件在内的整个电路被称为他激式变频电路。变频电路由本机振荡器、混频器和选频回路组成。其结构原理如图 6-3-10 所示。

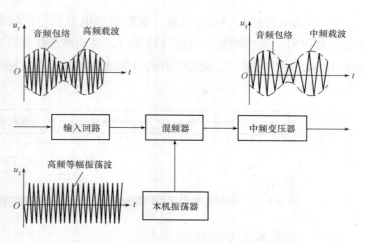

图 6-3-10　汽车音响调谐器调幅接收电路的变频电路结构原理

(3) 中频放大电路：从变频后的混频信号中选出 465 kHz 中频信号并进行放大，再将放大后的信号送往调幅检波电路。其直接影响调谐器的灵敏度、选择性、失真度和自动增益控制等性能指标。典型的中频放大电路由两级放大器、三级选频回路组成。其结构原理如图 6-3-11 所示。

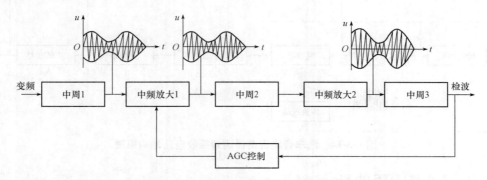

图 6-3-11　汽车音响调谐器调幅接收电路的中频放大电路结构原理

(4) 调幅检波电路：将音频信号从中频载波上分离出来，也称幅度检波器。调幅检波电路包括检波器件（二极管）和低通滤波电路两大部分。其结构原理如图 6-3-12 所示。

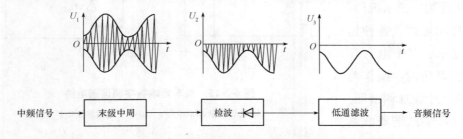

图 6-3-12　汽车音响调谐器调幅接收电路的调幅检波电路结构原理

(5)自动增益控制(AGC)电路：根据接收电台信号的强弱自动调节接收机的增益，即在信号较弱时，提高增益；当信号较强时，自动降低接收机的增益。采用随电台信号强弱而变化的电压或电流，实现放大器的自动增益控制。其电路结构原理如图 6-3-13 所示。

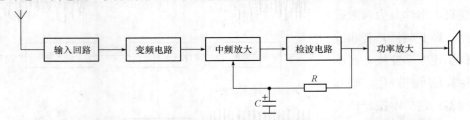

图 6-3-13　汽车音响调谐器调幅接收电路的自动增益控制(AGC)电路结构原理

2)调谐器调频接收电路

通过输入回路调谐选出所需要的调谐信号，经高频放大电路放大后，由变频电路转换成频率固定的中频信号。再经限幅器限幅，将寄生调幅(干扰信号)"切除"掉，鉴频器将频率的变化转换成电压幅度的变化，从而取出音频信号经功率放大，推动扬声器发出声音。其结构原理如图 6-3-14 所示。

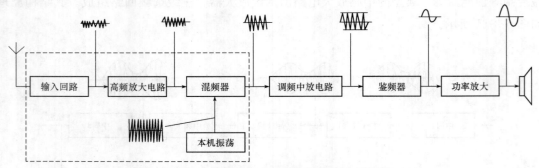

图 6-3-14　汽车音响调谐器调频接收电路结构原理

3)数字调谐器(DTS)电路

微处理技术应用于音响系统，采用数字调谐技术的调谐器取消了机械式调谐和指针频率指示机构，可实现自动选台、各种信息数字显示、多个电台存储和遥控等功能，操作简单且性能优于普通调谐器。汽车音响数字调谐器电路如图 6-3-15 所示。

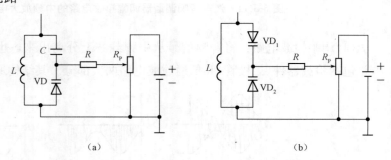

图 6-3-15　汽车音响数字调谐器电路
(a)电子调谐基本电路；(b)电子调谐修正电路

(1) 数字调谐系统：数字调谐系统电压合成电路结构原理如图 6-3-16 所示，调谐电压由可变电阻产生，其大小采用电子控制，数字调谐分电压合成和频率合成。电压合成是由数字芯片输出调宽脉冲，经 D/A 转换，将数字值转换成直流电压作为调谐电压。

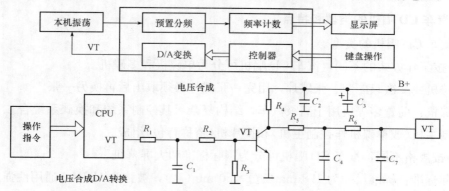

图 6-3-16　数字调谐系统电压合成电路结构原理

(2) 锁相环式频率合成数字调谐器：锁相环式频率合成数字调谐器结构原理如图 6-3-17 所示，由信号接收电路和数字调谐控制电路组成，谐振回路用变容二极管代替普通谐振回路的可变电感，通过改变变容二极管的反向偏压改变本机振荡器的振荡频率及相关调谐回路的谐振频率。

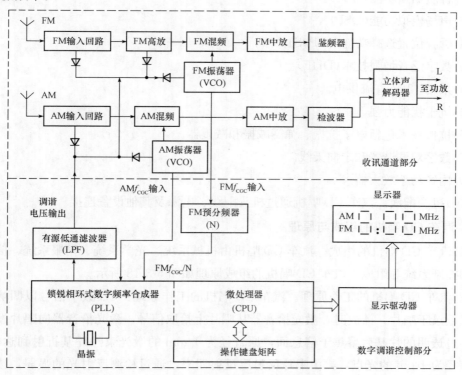

图 6-3-17　锁相环式频率合成数字调谐器结构原理

五、汽车 CD 唱机

1. 汽车 CD 唱机的类型和特点

1）汽车 CD 唱机的类型

(1) 按工作方式的不同，汽车 CD 唱机可分为单碟机和多碟机。

单碟机：一次只能装一张碟片，用完一张碟片必须取出后再换另一张。

多碟机：前置多碟机用于高级汽车，结构复杂，其控制系统和换碟系统合二为一；套机由控制主机（或单碟机作控制主机）和换片机（俗称背包）组成。

(2) 按规格不同，汽车 CD 唱机可分为国际标准和大屏幕机。

国际标准：标准尺寸为 178 mm（宽）×50 mm（高），被称为 1DIN，通用性强。

大屏幕机：标准尺寸为 178 mm（宽）×100 mm（高），被称为 2DIN。档次较高，应用较少。

(3) 按生产及销售方式的不同，汽车 CD 唱机可分为 OEM 和 ODM 两大体系。

OEM 为原装音响，安装稳固，功能简单，音质普通。

ODM 为改装音响，个性化极强，产品档次繁多，能适应不同层次的需要。

2）汽车 CD 唱机的特点

(1) 音质加强功能（BBE）。

(2) 声场模拟功能（DSP）。

(3) 听音位置选择功能（L.P.S）。

(4) 数字泛音增强技术（DHE）。

(5) 采用 12 V 直流供电。

(6) 抗干扰能力强。

(7) 抗振技术包括电子抗振、弹簧减振和减震器。

(8) 数字双调谐器和定向天线。

(9) 内置功率放大器。

(10) 机头配线。汽车 CD 唱机通过机头配线、电源及其他设备连接。

2. 汽车 CD 唱机的组成与原理

(1) 汽车 CD 唱机的组成。汽车 CD 唱机由机械系统、光学系统、伺服系统、信号处理系统和控制系统等组成。汽车 CD 唱机的组成原理如图 6-3-18 所示。

(2) 汽车 CD 唱机的工作原理。汽车 CD 唱机的工作原理：CD 数字信号以凹坑或镜面的形式记录于唱片，播放时，激光拾音器从唱片上拾取信号。激光拾音器向唱片发射的激光束穿过透明的片基后聚焦于信息面，原直径为 1 mm 的激光束经片基折射到达信息面，变成直径为 1 μm 的光点，再由唱片反射层反射回来，通过检测反射光的强弱，读取唱片上记录的数字信号。汽车 CD 唱机的工作原理如图 6-3-19 所示。

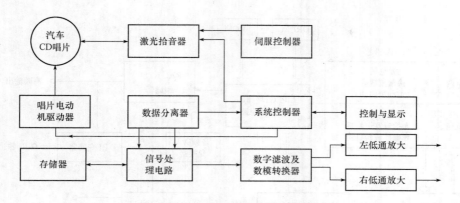

图 6-3-18　汽车 CD 唱机的组成原理

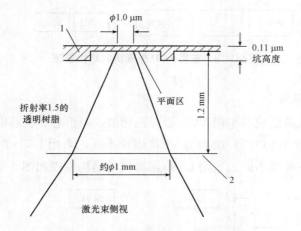

图 6-3-19　汽车 CD 唱机的工作原理

1—铝反射面；2—唱片表面

六、车用多媒体系统

1. 车用 VCD 影碟机

车用 VCD 影碟机与普通 VCD 结构基本一致，主要区别是机芯集成度更高，结构更紧凑，具有防振功能。

车用 VCD 影碟机主要由 CD 机芯、伺服电路、系统控制电路、MPEG1 解码电路、PAL/NTSC 编码器、音频电路和 RF 变换器等组成。其结构原理如图 6-3-20 所示。

车用 VCD 影碟机的工作过程：接通电源，多功能显示屏工作，载片机构工作，碟片转动，读取目录，进入播放状态。

项目六 汽车辅助电气设备

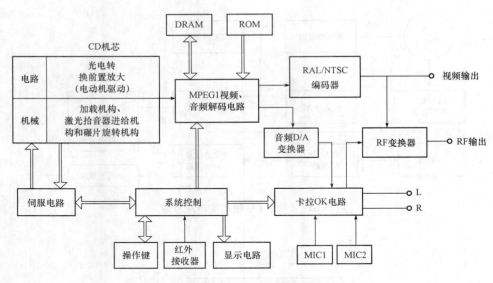

图 6-3-20 车用 VCD 影碟机的结构原理

2. 车用 DVD 影碟机

车用 DVD 影碟机的组成与车用 VCD 影碟机相似，由机芯、机芯电路、解码系统和控制系统等组成。但由于 DVD 碟片结构与 VCD 碟片不同，车用 DVD 影碟机的机芯、伺服电路也与车用 VCD 影碟机不同。车用 DVD 影碟机的结构原理如图 6-3-21 所示。

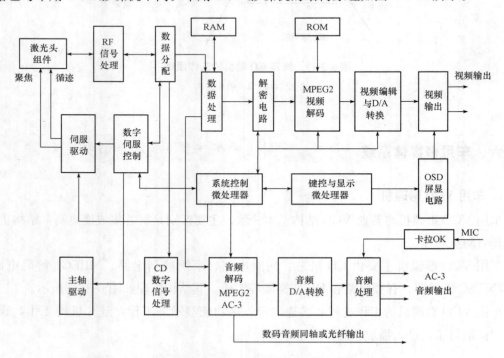

图 6-3-21 车用 DCD 影碟机的结构原理

汽车辅助电气设备

一、判断题（对的打"√"，错的打"×"）

1. 汽车电动车窗的电动机为永磁式双向直流式电动机。（   ）
2. 汽车后视镜不工作，应先检查熔断器。（   ）
3. 刮水电动机失效会导致刮水器的高、低速挡正常工作，间歇挡不工作。（   ）
4. 每个电动后视镜的镜片后都有4个电动机来调节视野。（   ）
5. 驾驶员可以不打开点火开关，调节后视镜。（   ）
6. 电动车窗的升降主要是利用电动机的正转和反转实现的。（   ）
7. 电动车窗的主开关接地失效会导致所有车窗均不能动作。（   ）
8. 若一个车窗只能朝一个方向运动，则应检查分开关到总开关连接导线是否断路。（   ）
9. 刮水器可刮除风窗玻璃上的雨水、积雪或灰尘，确保驾驶员良好的视野。（   ）
10. 晴天刮除风窗玻璃上的灰尘时，应先接通刮水器，再接通洗涤器。（   ）
11. 配电动后视镜的车辆，只有左侧后视镜可以电动调节。（   ）
12. 电动后视镜不能正常调节，不会影响驾驶员安全行驶。（   ）
13. 左侧电动后视镜电动机故障可能导致所有电动后视镜都不能调节。（   ）

二、选择题（单项选择）

1. 下列不属于电动后视镜常见故障现象的是（   ）。
   A. 后视镜运动卡滞　　　　　　B. 后视镜片无法调节
   C. 电动后视镜不动　　　　　　D. 后视镜开关损坏
2. 每个电动后视镜后面都有几个电动机驱动？（   ）。
   A. 1个　　　　B. 2个　　　　C. 3个　　　　D. 4个
3. 电动后视镜有一侧不能前后调整。甲认为前后调整电动机损坏；乙认为搭铁不良。你认为（   ）。
   A. 甲正确　　　B. 乙正确　　　C. 两人均正确　　　D. 两人均不正确
4. 检查电动后视镜电动机时，用蓄电池正负极分别接电动机连接器端子后，电动机转动。互换正负极和端子的连接后，电动机反转，说明（   ）。
   A. 电动机状况良好　　　　　　B. 不能判断电动机好坏
   C. 电动机损坏　　　　　　　　D. 电动机控制线路出现故障
5. 某车窗只能朝一个方向运动的可能原因，描述不正确的是（   ）。

A. 安全开关故障 　　　　　　　　B. 车窗开关损坏
C. 连接线路短路 　　　　　　　　D. 车窗电机损坏

6. 汽车电动车窗的电动机一般为(　　)。
   A. 单向交流式 　　　　　　　　B. 双向交流式
   C. 永磁单向直流式 　　　　　　D. 永磁双向直流式

7. 对于电动车窗玻璃升降电路来说，下列说法错误的是(　　)。
   A. 每个车门必须设有一个分控制开关，但可不设主控制开关
   B. 在电路中必须设有断电器，当车窗玻璃达到上下极限位置时，自动切断电路
   C. 玻璃升降电动机是可逆的，改变通电方向，就可以改变转动方向
   D. 车上可装一个延时开关，在点火开关断开约 10 min 后，仍有电流供应

8. 汽车在大雨天行驶时，电动刮水应选用(　　)。
   A. 快速挡 　　B. 慢速挡 　　C. 间歇挡 　　D. 点动挡

9. 汽车上的电动刮水器都设有(　　)。
   A. 自动复位装置 　　　　　　　B. 电脑控制装置
   C. 自动断水装置 　　　　　　　D. 自动开启装置

10. 下列描述不属于刮水器不工作故障原因的是(　　)。
    A. 刮水开关损坏 　　　　　　　B. 刮水电动机烧毁
    C. 控制线路短路 　　　　　　　D. 刮水器刮片偏移

11. 若刮水器低速挡不工作，则不需要检查的项目是(　　)。
    A. 熔丝 　　　　　　　　　　　B. 刮水电动机
    C. 刮水开关 　　　　　　　　　D. 刮水系统控制线路

项目七

汽车电路图

学习目标

1. 掌握汽车电路的组成及特点，了解汽车电路图的类型。
2. 掌握汽车电路的基本元件及图形符号。
3. 掌握汽车电路图的种类、概念及特点。
4. 掌握识读电路图的基本要领及常见汽车电路图的特征。

任务要求

1. 能描述汽车电路的组成及特点；能描述汽车电路图的类型。
2. 能识读汽车电路的基本元件及图形符号。
3. 能描述汽车电路图的种类、概念及特点。
4. 能描述识读电路图的基本要领；能识读常见汽车电路图。

任务　汽车电路图识读

一、汽车电路的组成及特点

汽车电路按电路图绘制风格，将各大汽车公司电路原理图分为5大类：大众、大宇（部分车型）；通用、福特、宝马、三菱、本田、马自达、现代、大宇（部分车型）；克莱斯勒、尼桑；奔驰和美国汽车维修资料供应商米切尔。

1. 汽车电路的组成

一个完整汽车电路包含以下几部分。

（1）电源：汽车的电源有蓄电池、发电机。

项目七 汽车电路图

(2)保护装置：保护电路和用电设备不受额外电流的损害，如熔丝、电路断路器、易熔丝。

(3)控制器件：控制电路的闭合和断开，如手动开关、压力开关、温度开关、电子控制模块等。

(4)用电设备：电流使用用电设备做功或发光，如灯泡、电磁阀、电子控制器件等。

(5)导线：将以上各种装置连接起来构成电路。

2. 汽车电路的基本特点

(1)汽车电路是低压电路，电源电压分别是 12 V 或 24 V。

(2)汽车电路是直流电路。

(3)汽车电路是单线制，用电设备一端接电源，另一端搭铁。

(4)汽车电路是并联连接，各用电设备工作互不影响。

(5)汽车电路电源负极搭铁。

(6)汽车电路由相对独立的分系统组成，包括电源电路、起动电路、点火电路、照明与信号电路、仪表与报警电路、电子控制装置电路、辅助装置电路。

二、汽车电路的基本元件及图形符号

1. 导线

汽车电线又称低压电线，汽车电线都是铜质多芯软线，有些软线细如毛发，柔软而不容易折断。

1) 导线的截面积

导线 AWG 值和米制规格对照如表 7-1-1 所示。

表 7-1-1 导线 AWG 值和米制规格对照

米制规格/mm²	AWG 值	额定电流/A
0.5	20	4
0.8	18	6
1.0	16	8
2.0	14	15
3.0	12	20
5.0	10	30
8.0	8	40
13.0	6	50
19.0	4	60

2)导线的颜色

(1)中国车导线颜色对照如表 7-1-2 所示。

表 7-1-2　中国车导线颜色对照

缩写	英文	中文
B	black	黑色
W	white	白色
R	red	红色
G	green	绿色
Y	yellow	黄色
Br	brown	棕色
Bl	blue	蓝色
Gr	gray	灰色
V	violet	紫色
O	orange	橙色

(2)美国车导线颜色对照如表 7-1-3 所示。

表 7-1-3　美国车导线颜色对照

缩写	英文	中文
BK	black	黑色
Bu	blue	蓝色
BN	brown	棕色
CR	clear	透明
DKBu	dark blue	深蓝色
DKGN	dark green	深绿色
GN	green	绿色
GY	gray	灰色
LT Bu	lightBlue	浅蓝色
LT GN	lightGreen	浅绿色
OG	orange	橙色
PK	pink	粉红色
PL	purple	紫色
RD	red	红色
TN	tan	褐色
VI	violet	粉紫色
WT	white	白色
YL	yellow	黄色

（3）日本车导线颜色对照如表 7-1-4 所示。

表 7-1-4　日本车导线颜色对照

缩写	英文	中文
B	black	黑色
W	white	白色
R	red	红色
G	green	绿色
L	blue	蓝色
Y	yellow	黄色
LG	lightGreen	浅绿色
BR	brown	棕色
OR	orange	橘红色(橙色)
P	pink	粉红色
BU	purple	紫色
GY	gray	灰色
SB	sky Blue	天蓝色

3）电气系统的主色

(1) 中国汽车电气各系统的主色如表 7-1-5 所示。

表 7-1-5　中国汽车电气各系统的主色

序号	系统名称	主色	颜色代号
1	电源系统	红	R
2	点火系统和起动系统	白	W
3	雾灯	蓝	Bl
4	灯光系统和信号系统	绿	G
5	防空灯及车身内部照明系统	黄	Y
6	仪表、报警系统及电喇叭系统	棕	Br
7	收音机、电子钟、点烟器等辅助系统	紫	V
8	各种辅助电动机及电气操纵系统	灰	Gr
9	搭铁线	黑	B

(2) 日本汽车电气各系统的导线颜色如表 7-1-6 所示。

表 7-1-6　日本汽车电气各系统的导线颜色

电路名称 \ 色别	基准色	辅助基准色	辅助色(条纹色)
起动点火电路	B	Y	W、Y、R、L

续表

电路名称＼色别	基准色	辅助基准色	辅助色（条纹色）
充电电路	W		B、R、L
照明电路	R		B、W、G、L、E
信号电路	G	Lg、Br	B、W、R、L、Y
测量仪表电路	Y		L、W、R、G、L
其他电路	L	R、Y、B	B、W、R、G、Y
接地电路	B		
注：B—黑色；W—白色；R—红色；G—绿色；Y—黄色；L—蓝色；Br—棕色；Lg—淡绿色			

2. 汽车电气元件图形符号

汽车电气和电子设备图形符号如表 7-1-7 所示。

表 7-1-7　汽车电气和电子设备图形符号

— 直流	数字式电钟	λ 氧传感器	插座的一个极	双丝灯
～ 交流	l° 温度表传感器	K 爆燃传感器	插头的一个极	荧光灯
＋ 正极	l_S° 空气温度传感器	n 转速传感器	插头和插座	组合灯
— 负极	l_W° 水温传感器	v 速度传感器	BP 制动灯传感器	动合常开触点
N 中性点	Q 燃油表传感器	接点	T 灯传感器	动断常闭触点
F 磁场	OP 油压表传感器	端子	F 制动摩擦片传感器	先断后合触点

续表

E⊥ 搭铁	m 空气质量传感器	可拆卸的端子	W 燃油滤清器积水传感器	中间断开双向触点
B 发电机输出接线柱	AP 空气压力传感器	导线的连接	照明灯、信号灯、仪表灯、指示灯	联动开关
D+ 磁场二极管输出端	导线的分支连接	导线的交叉连接	导线的跨越	n 转速表
预热指示器	电喇叭	扬声器	蜂鸣器	t° 温度表
报警器、电警笛	电磁离合器	用电动机操纵怠速调整装置	加热器、除霜器	Q 燃油表
空气调节器	U Const 稳压器	点烟器	防盗报警系统	v 速度表
传声器	收音机	发射机	天线一般符号	电钟
点火线圈	分电器	火花塞	电压调节器	G 闪光器
霍尔信号传感器	串励绕组	并励或他励磁组	集电环或换向器上的电刷	M 直流电动机
起动机带电磁开关	燃油泵电动机 洗涤电动机	晶体管电动燃油泵	加热定时器	电子点火

续表

磁感应信号传感器	电磁阀	刮水电动机	天线电动机	门窗电动机
座椅安全带装置	定子绕组为星形连接交流发动机	定子绕组为三角形连接交流发动机	整体式交流发电机	动合电磁阀

三、汽车电路图的种类

汽车电路图根据结构特征可分为汽车线路图、汽车定位图、汽车电路原理图及汽车电路原理方框图等四种。

1. 汽车线路图

汽车线路图电气部件的外形和安装位置都与实际情况相同，很方便查线，但读图不方便，只适用于汽车电气部件少、线路连接简单的传统汽车，东风EQ1090汽车线路如图 7-1-1 所示。

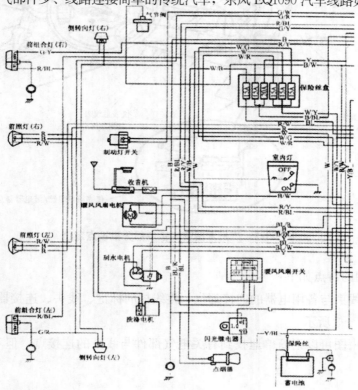

图 7-1-1 东风 EQ1090 汽车线路

2. 汽车定位图

汽车定位图用于指示各电器及导线的具体位置。一般采用绘制的立体图或实物照片的形式，立体感强，能直观、清晰地反映电器在车上的实际位置，具有很高的实用价值。定位图在某些车型中有进一步细化分类。

1）汽车电器定位图

汽车电器定位图用于确定电气元件、连接器、接线盒、搭铁点、铰接点及诊断座等的分布位置。广州本田雅阁轿车部分搭铁点定位如图7-1-2所示。

2）汽车线束图

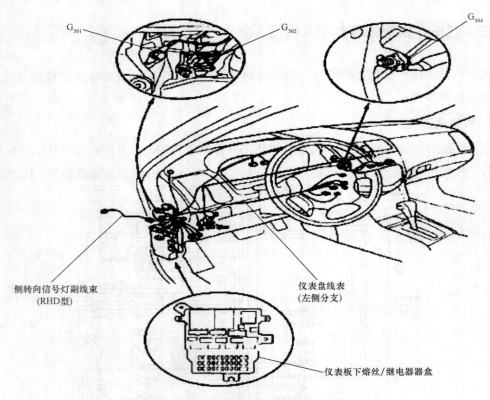

图 7-1-2　广州本田雅阁轿车部分搭铁点定位

汽车线束图的特点如下：

（1）确定电线束与各用电器的连接部位、接线柱的标记、线头、连接器的形状及位置，轿车线束如图7-1-3所示。

（2）汽车线束图可以很简单地找到有关电气部件与线束的连接点，但不方便查线和分析、排除故障。

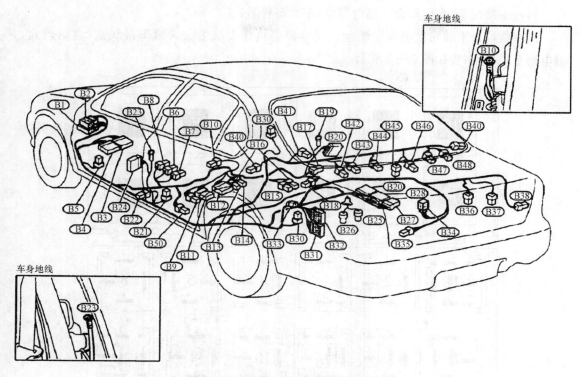

图 7-1-3　轿车线束

3) 汽车线路连接器插脚图

汽车线路连接器插脚图确定连接器内各导线连接位置，汽车电动后视镜连接器插脚如图 7-1-4 所示。

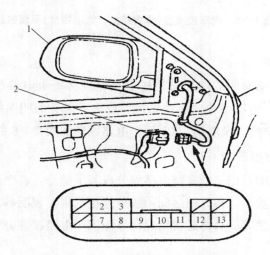

图 7-1-4　汽车电动后视镜连接器插脚
1—13P 插接器；2—电动后视镜

4)汽车接线盒(含熔丝盒、继电器盒)平面布置图

汽车接线盒平面布置图确定熔丝、继电器等具体安装方位。汽车接线盒(含熔丝盒、继电器盒)平面布置如图 7-1-5 所示。

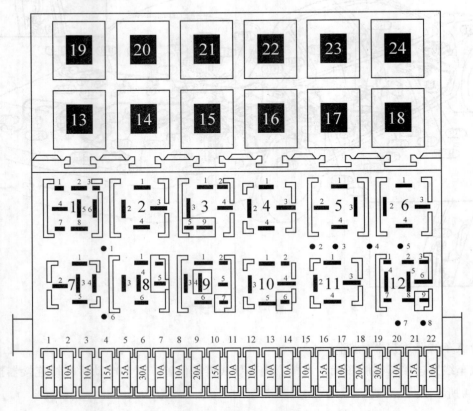

图 7-1-5　汽车接线盒(含熔丝盒、继电器盒)平面布置

3. 汽车电路原理图

汽车电路原理图是用简明的图形符号按电路原理将每个电器与电子控制系统合理连接，再将每个系统(包括电源系统、起动系统、点火系统、照明系统、仪表系统、电子控制系统等)按一定顺序排列。桑塔纳 2000 轿车电路原理如图 7-1-6 所示。

4. 汽车电路原理方框图

汽车电路原理方框图是把一个完整电路划分成若干部分，各个部分用方框表示，每一方框用文字或符号说明功能，各方框之间用线条连接起来，表明各部分的相互关系。此图不必画出元器件和它们之间的具体连接情况，方便汽车电路原理分析。汽车点火系统电路原理如图 7-1-7 所示。

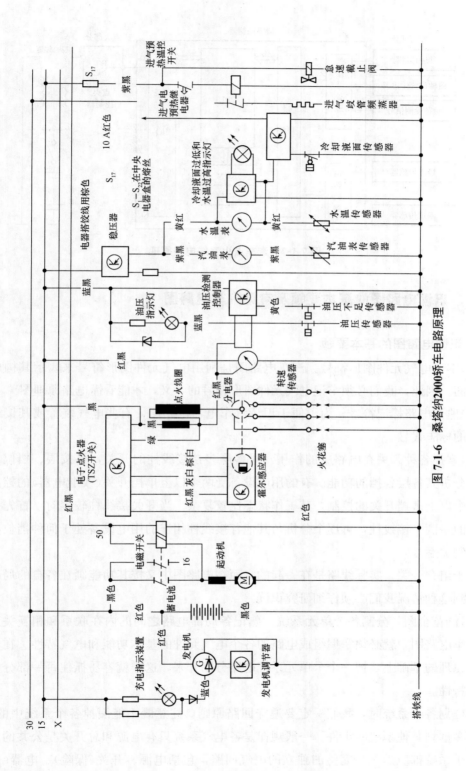

图 7-1-6 桑塔纳2000轿车电路原理

项目七　汽车电路图

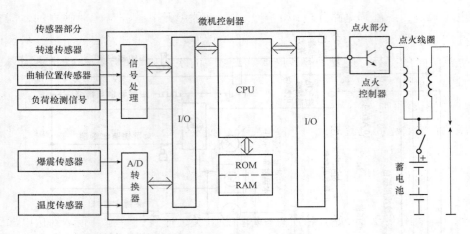

图 7-1-7　汽车点火系统电路原理

四、识读电路图的基本要领及常见汽车电路图

1. 识读电路图的基本要领

（1）牢记电气元件图形符号。汽车电路图是利用电气元件图形符号来表示其构成和工作原理的。因此，我们必须牢记电气元件图形符号的含义，才能看懂电路原理图。

（2）熟记电路标记符号。为了便于识读汽车电器电路图，有些电气装置或其接线柱等有不同的标志代号。

（3）掌握各种开关在电路中的作用。对多层多挡接线柱的开关，要按层、挡位、接线柱逐级分析其各层各挡的功能。有的用电设备受两个以上单挡开关（或继电器）的控制，有的受两个以上多挡开关的控制，其工作状态比较复杂。当开关接线柱较多时，首先抓住从电源来的一两个接线柱，再逐个分析与其他各接线柱相连的用电设备处于何种挡位，从而找出控制关系。

对于组合开关，实际线路是在一起的，而在电路图中又按其功能画在各自的局部电路中，遇到这种情况我们必须仔细研究识读。

（4）浏览全图，分割各个单元系统。熟记各局部电路之间的内在联系和相互关系，要读懂汽车电路图，就必须掌握组成电路的各个电气元件的基本功能和电气特性。在掌握全图基本原理的基础上，把一个个单元系统电路分割开来，这样就容易抓住每一部分的主要功能及特性。

在框划各个系统时，我们一定要遵守回路原则，注意既不能漏掉各个系统中的组件，也不能多框划其他系统的组件。一般规律是各电气系统只有电源和总开关是公共的，其他任何一个系统都应是一个完整的独立的电气回路，包括电源、开关（保险）、电器（或电子线路）、导线等。从电源的正极经导线、开关、熔丝至电器后搭铁，最后回到电源负极。

从整车电路来讲,各局部电路除电源电路公用,其他单元电路都是相对独立的,但它们之间也存在内在联系(如信号共享)。因此,识图不但要熟悉各局部电路的组成、特点、工作过程和电流流经的路径,还要了解各局部电路之间的联系和相互影响。这是迅速找出故障部位、排除故障的必要条件。

(5)牢记回路原则。

思路一:沿着电路电流的流向,由电源正极出发,顺藤摸瓜查到用电设备、开关、控制装置等,回到电源负极。

思路二:逆着电路电流的方向,由电源负极(搭铁)开始,经过用电设备、开关、控制装置等回到电源正极。

思路三:从用电设备开始,依次查找其控制开关、连线、控制单元,到达电源正极和搭铁(或电源负极)。

实际应用,可视具体电路选择不同思路,但有一点值得注意,随着电子控制技术在汽车上的广泛应用,大多数电气设备电路同时具有主工作回路和控制回路,我们读图时要兼顾两回路。

2. 常见汽车电路图

1)大众车系电路图识读方法

德国大众车系汽车电路图的特点:整个电路突出中央接续线盒为中心;整个电路很少交叉转折;统一了电源正极、电器搭铁方式和部位;所有连接器均采用统一的代号和表达方式。大众车系电路(局部)如图7-1-8所示。

大众电路图说明如下。

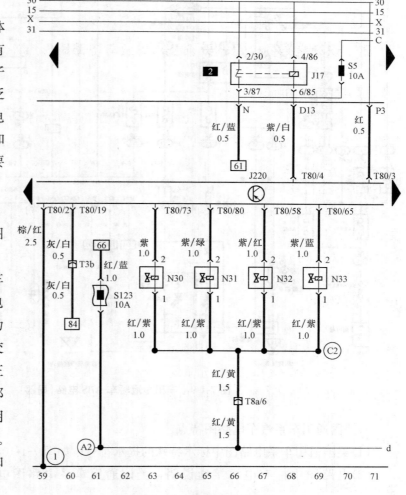

图7-1-8 大众车系电路(局部)

(1)30号线:常火线,不管线路的开关等配电设备处于什么状态,该导线均带电。

·189·

(2)15号线：接小容量的火线，点火开关闭合时接通电源带电。

(3)X号线：接大容量电器火线，点火开关处于点火位置时，通过中间继电器闭合而使该导线带电。

(4)31号线：搭铁线。

(5)C线：中央线路板的内部接线。

2)丰田车系电路图识读方法

日本丰田车系汽车电路图的特点：电路图中的电气元件用文字标注；整车电路图各系统电路标示明确；线路接地点标示明确；元件连接端子标示清楚。丰田皇冠轿车ABS电路(局部)如图7-1-9所示。

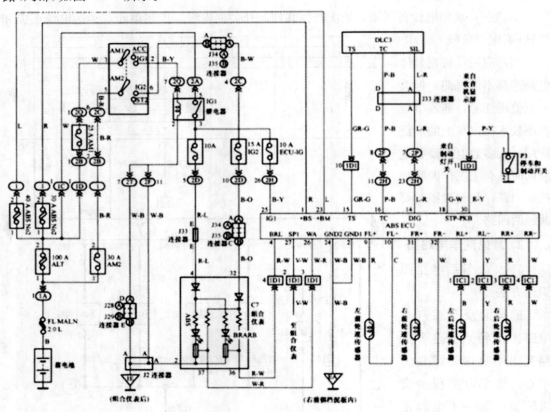

图7-1-9 丰田皇冠轿车ABS电路(局部)

3)美国通用车系汽车电路图特点

(1)美国通用车系电路图中标示特殊的提示符号，如图7-1-10所示。

(2)电路图中标有电源接通说明，美国通用车系电路图电源接通说明如表7-1-8所示。

(a)   (b)   (c)   (d)

图 7-1-10 美国通用车系电路图中特殊的提示符号

(a)静电敏感符号；(b)安全气囊符号；(c)故障诊断符号；(d)注意事项符号

表 7-1-8 美国通用车系电路图电源接通说明

电源接通标注	电源接通说明
RUN 或 START 接通	该电路在点火开关处于点火(RUN)和起动(START)时与电源接通
所有时间接通	该电路连接常接电源
RUN 接通	该电路在点火开关处于点火(RUN)位置时接通电源
START 接通	该电路只在点火开关处于起动(START)位置时接通电源
ACC 和 RUN 接通	该电路在点火开关处于 RUN 或 ACC 位置时接通电源

(3)电路图中有电路编号，如电路上的标识：0.35 粉红色 339 分别表示线径 0.35 mm、导线颜色粉红色、电路编号 339。美国通用车系汽车电路(局部)如图 7-1-11 所示。

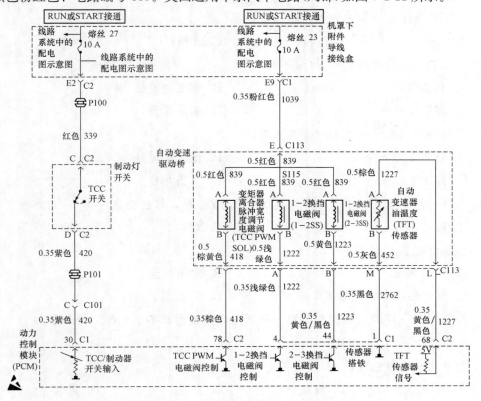

图 7-1-11 美国通用车系汽车电路(局部)

项目七 汽车电路图

练习

汽车电路图

一、判断题(对的打"√",错的打"×")

1. 汽车电气系统为直流系统。( )
2. 所有的汽车都采用负极搭铁。( )
3. 二极管具有单向导电性。( )
4. 汽车上有两个电源,一个是蓄电池,一个是交流发电机。( )
5. 使用二极管的时候,两个电极可以随便接。( )
6. 电路图上开关的工作状态是无电状态。( )
7. 熔断器经常烧断后,必须找出故障后再更换相同规格的熔断器。( )
8. 熔断器是一次性的产品,损坏后不能修理,只能更换。( )
9. ECM 中文名称为汽车电控单元。( )
10. 一般二极管在电路中实际承受的电压不能超过它的耐压值。( )

二、选择题(单项选择题)

1. 下面不属于自动变速器挡位指示灯的是( )。
   A. P 挡　　　　　B. R 挡　　　　　C. M 挡　　　　　D. N 挡
2. 汽车铅蓄电池的搭铁线是( )。
   A. 低压导线　　　　　　　　　B. 低压电缆线
   C. 高压阻尼线　　　　　　　　D. 高压导线
3. 连接分电器和火花塞的电线应采用( )。
   A. 低压导线　　　　　　　　　B. 低压电缆线
   C. 高压阻尼线　　　　　　　　D. 高压导线
4. 当通过熔断器的电流达到额定电流的 1.35 倍时,熔丝会在( )s 内熔断。
   A. 60　　　　　B. 80　　　　　C. 100　　　　　D. 120
5. 联合继电器具有( )。
   A. 常开触点　　　　　　　　　B. 常闭触点
   C. 常开触点和常闭触点　　　　D. 无触点
6. 为了保证一定的机械强度,则一般低压导线截面积不小于( )mm^2。
   A. 0.4　　　　　B. 0.5　　　　　C. 0.6　　　　　D. 0.7
7. 前转向灯的颜色为( )。
   A. 绿色　　　　　B. 橙色　　　　　C. 红色　　　　　D. 黑色

8. 制动灯的颜色为( )。
   A. 绿色　　　　B. 橙色　　　　C. 红色　　　　D. 黑色
9. 内搭铁式发电机调节器在( )搭铁。
   A. 发电机内部　　　　　　B. 发电机外部
   C. 车身　　　　　　　　　D. 发动机内部
10. 符号"1.5 BW"表示该条线路的导线截面积为 1.5 mm^2，导线的主色是( )。
    A. 红色　　　　B. 白色　　　　C. 黑色　　　　D. 黄色

参 考 文 献

[1] 凌永成. 汽车电气设备[M]. 北京：北京大学出版社，2007.
[2] 周建平. 汽车电气设备构造与维修[M]. 北京：人民交通出版社，2005.
[3] 方斌. 汽车电气系统检修[M]. 北京：人民邮电出版社，2013.
[4] 张柏荣. 汽车电气设备构造与维修[M]. 沈阳：东北大学出版社，2017.
[5] 孙志刚. 汽车电气设备与维修[M]. 北京：北京理工大学出版社，2010.